CONTEÚDO DIGITAL PARA ALUNOS

Cadastre-se e transforme seus estudos em uma experiência única de aprendizado:

1 Escaneie o QR Code para acessar a página de cadastro.

2 Complete-a com seus dados pessoais e as informações de sua escola.

3 Adicione ao cadastro o código do aluno, que garante a exclusividade de acesso.

3157085A6242540

Agora, acesse:
www.editoradobrasil.com.br/leb
e aprenda de forma inovadora
e diferente! :D

Lembre-se de que esse código, pessoal e intransferível, é válido por um ano. Guarde-o com cuidado, pois é a única maneira de você utilizar os conteúdos da plataforma.

Editora do Brasil

APOEMA ARTE 8

COLEÇÃO APOEMA
ARTE

AUBER BETTINELLI
- Formado em Desenho Industrial com habilitação em Programação Visual pela Faculdade de Comunicação e Arte do Mackenzie
- Ator e coautor de ações artísticas que mesclam o teatro, a literatura e a educação em trabalhos coletivos
- Autor, pesquisador, formador e coordenador de projetos em educação e arte-cultura
- Desenvolvedor de materiais, jogos educativos e intervenções poéticas

CAMILA CARRASCOZA BOMFIM
- Formada em Contrabaixo pela Faculdade de Artes Alcântara Machado
- Mestre e doutora em Musicologia pelo Instituto de Artes da Unesp
- Professora e autora de artigos e capítulos de livros de educação musical
- Musicista e contrabaixista

STELLA RAMOS
- Formada em Educação Artística pela Unicamp
- Pesquisadora, formadora, mediadora e coordenadora de projetos em educação e arte-cultura
- Desenvolvedora de materiais, jogos educativos e intervenções poéticas
- Pesquisadora e arte-educadora em artes visuais

TALITA VINAGRE
- Formada em Ciências Sociais pela PUC-SP
- Mestre em Ciências Sociais pela PUC-SP
- Pesquisadora em dança contemporânea
- Arte-educadora em dança

TIAGO LUZ DE OLIVEIRA
- Formado em Direção Teatral pela Escola de Comunicações e Artes da USP
- Mestre em Artes Cênicas pela Escola de Comunicações e Artes da USP
- Pesquisador e arte-educador em teatro em espaços culturais

1ª edição
São Paulo, 2019

Editora do Brasil

Dados Internacionais de Catalogação na Publicação (CIP)
(Câmara Brasileira do Livro, SP, Brasil)

Apoema arte 8 / Auber Bettinelli...[et al.]. – 1. ed. – São Paulo: Editora do Brasil, 2019. – (Coleção apoema)

Outros autores: Camila Carrascoza Bomfim, Stella Ramos, Talita Vinagre, Tiago Luz de Oliveira.

ISBN 978-85-10-07549-7 (aluno)
ISBN 978-85-10-07550-3 (professor)

1. Arte (Ensino fundamental) I. Bettinelli, Auber. II. Bomfim, Camila Carrascoza. III. Ramos, Stella. IV. Vinagre, Talita. V. Oliveira, Tiago Luz de. VI. Série.

19-26725 CDD-372.5

Índices para catálogo sistemático:
1. Arte : Ensino fundamental 372.5

Maria Alice Ferreira - Bibliotecária - CRB-8/7964

© Editora do Brasil S.A., 2019
Todos os direitos reservados

Direção-geral: Vicente Tortamano Avanso

Direção editorial: Felipe Ramos Poletti
Gerência editorial: Erika Caldin
Supervisão de arte e editoração: Cida Alves
Supervisão de revisão: Dora Helena Feres
Supervisão de iconografia: Léo Burgos
Supervisão de digital: Ethel Shuña Queiroz
Supervisão de controle de processos editoriais: Roseli Said
Supervisão de direitos autorais: Marilisa Bertolone Mendes

Coordenação editorial: Maria Helena Webster
Consultora de Artes e Linguagens: Gisa Picosque
Edição e preparação de texto: Camila Kieling e Nathalia C. Folli Simões

Pesquisa iconográfica: Odete Ernestina Pereira e Priscila Ferraz
Assistência de arte: Carla Del Matto
Design gráfico: Patrícia Lino
Capa: Megalo Design
Imagem de capa: Mim Friday/Alamy/Fotoarena
Ilustrações: André Toma, Andrea Ebert e Marcos Guilherme
Coordenação de editoração eletrônica: Abdonildo José de Lima Santos
Licenciamentos de textos: Cinthya Utiyama, Jennifer Xavier, Paula Harue Tozaki e Renata Garbellini
Produção fonográfica: Marcos Pantaleoni
Controle de processos editoriais: Bruna Alves, Carlos Nunes, Rafael Machado e Stephanie Paparella

Produção: Obá Editorial
Direção executiva: Diego Salerno Rodrigues, Naiara Raggiotti
Equipe editorial: Alessandra Borges, Felipe Ramos Barbosa, Gabriele Cristine B. dos Santos, Karen Suguira, Nara Raggiotti e Patrícia da Silva Lucio
Revisão: Adriane Gozzo, Amanda Zampieri, Ana Fiori, Ana Latge, Bartira Costa Neves, Beatriz Simões, Daniela Vilarinho, Daniel Libarino, Elaine Silva, Hebe Ester Lucas, Rosana Maron e Vitória Lima
Equipe de arte: Gustavo Abumrad (coord.), Bárbara Souza, Christian Herrman, Cristina Flores, Daniela Capezzutti, Gleison Palma, Kleber Bellomo, Renata Toscano e Rosemeire Cavalheiro

1ª edição / 1ª impressão, 2019
Impresso na Ricargraf Gráfica e Editora Ltda.

Editora do Brasil
Rua Conselheiro Nébias, 887
São Paulo, SP – CEP 01203-001
Fone: +55 11 3226-0211
www.editoradobrasil.com.br

APRESENTAÇÃO

Caro aluno e cara aluna,

Este livro é um convite para uma caminhada por trilhas e clareiras que vão permitir a você refletir, criar, se expressar – e assim dialogar de forma singular e prazerosa com as artes.

Você convive com a arte no seu cotidiano. Ela está presente, de forma espontânea ou intencional, de muitas maneiras: no som e nos gestos das pessoas, nos refrãos que são cantarolados despreocupadamente, nas manifestações culturais, no sabor que vem do aroma da cozinha, no *design* de objetos, na pintura corporal indígena, na expressão da cultura afro-brasileira, nos grafites coloridos de uma parede, nos monumentos históricos – enfim, em variadas expressões.

Nosso convite é para que você seja o personagem principal nesse cenário e, assim, deixe de ser apenas um observador e participe intensamente dos processos que propomos aqui – investigando e fazendo descobertas de acordo com as próprias experiências, ideias e valores ao perceber com a mesma curiosidade o que está próximo e parece familiar e o que está distante e pode gerar estranhamento. Nesses diálogos, você vai poder dar novos significados ao que está ao seu redor e até mesmo olhar o mundo como um grande campo de possibilidades.

Sua cidade faz parte de você e você faz parte dela. Umas das formas de estabelecer essa relação é pelos caminhos da arte. A construção desses significados inicia-se quando paramos, refletimos e formulamos um pensamento em relação a eles.

Para que isso ocorra, ao longo do livro, você será o convidado principal para falar com base em sua percepção. O livro possibilita que você estabeleça diálogos: consigo mesmo, com seus colegas, com o professor, com sua família, com o que está ao seu redor, com o que está acontecendo em todo o mundo.

Você é o protagonista dessa história.

Você está construindo sua história.

Um abraço,

Os autores

CONHEÇA O SEU LIVRO

Este conteúdo foi desenvolvido para promover um encontro entre você e as artes, com o objetivo de torná-lo protagonista desse diálogo e de sua própria história.

ABERTURA DE UNIDADE
Abre a unidade e introduz os temas que serão tratados nos capítulos.

SEÇÃO DE DESENVOLVIMENTO
Partida: prática inicial do percurso de experiências e aprendizagens que serão apresentadas ao longo da unidade.

SEÇÃO DE DESENVOLVIMENTO
Caminhos: apresenta a jornada a partir da discussão de uma situação concreta.

ABERTURA DE CAPÍTULO
Abre o capítulo e introduz o tema a ser tratado.

SEÇÃO COMPLEMENTAR
Glossário: conceitos e vocabulários utilizados no texto.

SEÇÃO DE DESENVOLVIMENTO
Trilha: explora uma das abordagens possíveis relacionada ao tema.

SEÇÃO COMPLEMENTAR
Ampliar: apresenta novas possibilidades de pesquisa relacionadas ao tema.

SEÇÃO COMPLEMENTAR
Trajetória: entrevistas e depoimentos.

SEÇÃO COMPLEMENTAR
Clareira: contextualização de movimentos artísticos ou pessoas.

SEÇÃO DE DESENVOLVIMENTO
Chegada: prática final do percurso de experiências e aprendizagens ao longo da unidade.

SEÇÃO COMPLEMENTAR
Autoavaliação: práticas avaliativas sobre o percurso percorrido.

ÍCONE DE ÁUDIO
Sugere um áudio disponível no Portal da coleção Apoema Arte.

SEÇÃO COMPLEMENTAR
Conexões: relações entre as linguagens da arte, ampliando o olhar em relação ao fazer artístico.

SEÇÃO COMPLEMENTAR
Mirante: contextualização com conteúdos abordados em outro componente curricular.

SEÇÃO COMPLEMENTAR
Coordenadas: aborda elementos da linguagem relacionados aos caminhos.

5

SUMÁRIO

UNIDADE 1 – Espaços e tempos na arte **8**

Partida **8**

Capítulo 1 – Espaços visíveis e invisíveis **10**

Caminhos – Construir espaços! 12

Andança – Podemos fazer da bagunça uma ordem ou construir um caos? 12

Trilha – De longe ou de perto, de fora ou de dentro 13

Coordenadas – *GaiaMotherTree* em números 19

Clareira – Liliana Porter: o real e a aparência do real 20

Clareira – Ernesto Neto: redes, tramas, equilíbrios 21

Clareira – Anish Kapoor: o visível e o invisível na matéria da arte 21

Trilha – Ilusões e sugestões de espaços 22

Conexões – *Louise Bourgeois – Faço, desfaço, refaço* 24

Clareira – Denise Stoklos e o Teatro Essencial 25

Andança – Arte/ilusão/reflexão! 25

Trilha – Espaços e deslocamentos 27

Capítulo 2 – Vozes que ocupam espaços **30**

Caminhos – Território identidade 32

Clareira – Bené Fonteles e o *artivismo* 32

Clareira – Denilson Baniwa 34

Trilha – Marcas e sinais que revelam gestos .. 34

Coordenadas – Por que *Mona Lisa*? 36

Clareira – Antoni Tàpies: a força do gesto rebelde! 37

Mirante – Lugares únicos: a Pedra do Ingá! 38

Andança – Rastros de gestos artísticos! 39

Trilha – Caminhantes da arte 39

Clareira – As andanças de Paulo Nazareth 42

Andança – Em cartaz: o senso crítico 42

Ampliar – Histórias dentro da história do Brasil 43

Chegada – Um lugar habitado por todos 44

Autoavaliação **45**

UNIDADE 2 – Espaço e tempo para estar junto 46

Partida **46**

Capítulo 1 – O espaço da cena **48**

Caminhos – Teatro: espaço de encontros 50

Andança – *Teatro playback* 50

Trilha – Tipos de espaço 51

Coordenadas – O Teatro de Dioniso 53

Andança – Experimentando o palco italiano 54

Coordenadas – Caixa preta do teatro 54

Andança – Criando um espaço cênico 56

Mirante – Teatro elisabetano 58

Trilha – O teatro de arena 60

Andança – Compondo em arena 61

Conexões – A perspectiva renascentista 61

Coordenadas – O Renascimento 63

Clareira – Leonardo da Vinci: talentos múltiplos 63

Capítulo 2 – A cena no espaço **64**

Caminhos – Cenografias 66

Andança – Reflexões através da cena 67

Trilha – O texto e o espaço 68

Trilha – Telões pintados 69

Trilha – Jogo cenográfico 71

Clareira – Felipe Hirsch 73

Andança – América Latina 73

Trilha – Bem-vindo à casa 74

Trilha – Teatro Oficina 76

Conexões – Dança-teatro 78

Trajetória – Andrey Tamarozzi e Karina Yamamoto, do Grupo Xanarai, de Palmas (TO) .. 80

Ampliar – Cortinas: os antigos panos de boca .. 82

Chegada – Construindo um espaço cênico 83

Autoavaliação **83**

UNIDADE 3 – Para expandir a dança **84**

Partida **84**

Capítulo 1 – Espaços da dança **86**

Caminhos – Deslocamentos da dança no espaço urbano 88

Clareira – O grupo Conectivo Corpomancia 89

Mirante – A dança e o canto indígena no *show* de Djuena Tikuna 90

Andança – Expansão e recolhimento 91

Coordenadas – Respiração e movimento 92

Trilha – Dança e ambiente 93

Andança – Compor uma dança para um lugar específico 95

Trilha – Espaços dançantes 95

Coordenadas – Planos de movimento.............. 98

Andança – Mover-se com os planos de
movimento.. 100

Trilha – Danças itinerantes 100

Conexões – O que é uma videodança?.......... 102

Trilha – Dançar na periferia 104

Coordenadas – O *parkour*.............................. 105

Capítulo 2 – A dança no tempo e o tempo da dança.... 106

Caminhos – A dança como patrimônio cultural
de um povo.. 108

Coordenadas – As castanholas....................... 110

Andança – Mover-se com um ritmo marcado
pelo espaço.. 110

Trilha – Dança e memória 111

Clareira – *Butô* no Brasil.............................. 112

Clareira – A dança *butô* de Kazuo Ohno 113

Andança – O tempo lento e o silêncio
na dança.. 113

Trilha – Compor paisagens com o corpo 114

Conexões – Sambaquis e zoólitos.................. 115

Ampliar – A videodança no filme *Pina*........... 116

Chegada – O tempo e o espaço da minha
dança...117

Autoavaliação 117

**■■■ UNIDADE 4 – A música está em todos
os lugares 118**

Partida.. 118

Capítulo 1 – O som ao redor de tudo e de todos.............120

Caminhos – Lugares da música 122

Trilha – Teatros e salas de concerto............. 122

Trilha – Nas praças e ruas 125

Coordenadas – A orquestra 126

Andança – Festas populares: construindo
um mapa cultural sonoro 128

Coordenadas – Paisagem sonora................... 129

Andança – A notação musical da
paisagem sonora... 129

Conexões – Quando as Artes Visuais e a
Música se encontram......................................130

Mirante – Uma rádio com sons de todo
o mundo 131

Capítulo 2 – A música no tempo 132

Caminhos – O som que se transforma
no tempo 134

Trilha – A música urbana............................... 134

Trajetória – Thais Rabelo, sergipana,
pesquisadora na área de musicologia histórica .. 136

Andança – Experimentando o compasso
sincopado 137

Trilha – Música antiga e seus instrumentos . 137

Trilha – Instrumentos indígenas: o som da
floresta..139

Trilha – A notação musical no tempo 141

Clareira – Philip Glass e a música
minimalista 143

Conexões – Música, arte e criatividade 143

Mirante – A viagem sem volta dos
tupinambás..144

Ampliar – Retratos musicais de diferentes
lugares no mundo 146

Chegada – Cápsula do tempo musical........... 146

Autoavaliação... 147

**■■■ ARTES INTEGRADAS – Aqui, agora
e sempre.. 148**

Partida.. 148

As narrativas e seus lugares......................... 150

Norte: o uirapuru... 150

Nordeste: o Vaqueiro Misterioso................... 150

Centro-Oeste: Caipora e Curupira 151

Sul: Negrinho do Pastoreio 152

Sudeste: Lobisomem...................................... 152

Patrimônio: narrativas, tempo, espaço 153

Momento lúdico.. 154

Jogo teatral 1 154

Jogo teatral 2 155

**Um acervo de histórias que
representam a todos nós**............................... 156

Como fazer com que as histórias apareçam? 156

Modos de narrar, modos de registrar............. 157

Como transformar uma história em
uma "lenda"? 157

Chegada – Recontar histórias........................ 158

Autoavaliação... 158

Referências.. 159

Documentos...160

Referências *on-line*.......................................160

UNIDADE 1
ARTES VISUAIS

Escultura *Cloud gate* (*Portal das nuvens*), também conhecida como *The bean* (*O feijão*), de Anish Kapoor. Millennium Park, Chicago, Estados Unidos, 2016.

Partida

Observe as imagens.

1 O que os dois trabalhos apresentam em comum?

Preste atenção aos títulos desses dois trabalhos e responda:

2 O que o nome de uma obra de arte pode revelar a respeito dela?

Espaços e tempos na arte

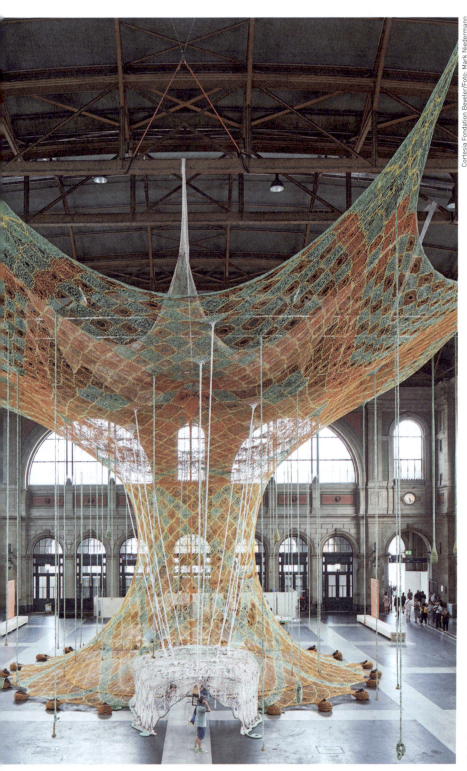

Os trabalhos vistos nesta abertura de unidade foram elaborados para ocupar grandes espaços, estabelecendo um diálogo direto com o local onde estão instalados e chamando a atenção dos passantes pelo seu tamanho.

Nesta unidade, vamos nos aproximar de criações que se relacionam com o espaço. São obras que, muitas vezes, convidam o corpo a participar e, outras vezes, o olhar e a percepção do mundo com base em pontos de vista fora do comum.

Vamos estudar ainda criações que necessitam de etapas de elaboração, planejamento e construção, envolvendo outros profissionais ou equipes contratadas por um artista para manipular, transportar e até criar materiais adequados à realização de sua ideia.

Escolha uma dessas imagens e imagine-se observando a obra de perto, ao vivo.

3 Quais sensações essa experiência poderia causar?

GaiaMotherTree (*GaiaMãeÁrvore*), de Ernesto Neto. Estação central de Zurique, Suíça, 2018.

CAPÍTULO 1
Espaços visíveis e invisíveis

Instalação *Man with axe* (*Homem com machado*), de Liliana Porter. 57ª Bienal de Arte de Veneza, Itália, 2017.

Observe a obra da artista Liliana Porter.

- O modo como um artista ocupa o espaço com seu trabalho pode interferir em nossas percepções?

Ao observar com mais atenção a imagem, nosso olhar também é convidado a perceber e a comparar as dimensões entre os objetos e os lugares onde estão instalados.

- Quais objetos ou fragmentos de objetos você reconhece?
- Quais estão em tamanho natural e quais são miniaturas?
- Você se lembra de outro trabalho de arte feito com algum desses objetos?

Já sabemos que trabalhos de arte podem utilizar objetos da vida cotidiana como forma de comunicar significados ou mesmo criar uma composição visual. Neste capítulo, vamos entrar em contato com obras que se apropriam dos elementos espaço e tempo, deslocando os sentidos que atribuímos a eles na vida e questionando um pouco aquilo que chamamos de "real".

Instalação *Man with axe* (*Homem com machado*), de Liliana Porter. 57ª Bienal de Arte de Veneza, Itália, 2017 (detalhe).

CAMINHOS

Construir espaços!

As três obras apresentadas até aqui são exemplos de trabalhos que se relacionam com os elementos **dimensão** e **escala**. São trabalhos que se destacam pelos materiais com os quais foram compostos e pelo modo como ocupam determinados espaços. É certo afirmar que o carioca Ernesto Neto, o indiano Anish Kapoor e a argentina Liliana Porter desenvolveram suas obras exclusivamente para os locais onde foram instaladas.

Voltando a observar essas imagens, reflita sobre as seguintes questões:

> **Glossário**
>
> **Dimensão:** medida de tamanho que um objeto ou corpo ocupa no espaço, podendo ser bidimensional (altura e largura) ou tridimensional (altura, largura e profundidade).
> **Escala:** refere-se a uma representação do tamanho de um objeto, a qual nos ajuda a ter ideia de seu tamanho real, já que determina as proporções para a criação de modelos reduzidos ou ampliados.

- Se a obra *Cloud gate* (*Portal das nuvens*) estivesse dentro de um espaço fechado, sem refletir o céu, o título dela faria sentido?

- Se a estrutura de *GaiaMotherTree* (*GaiaMãeÁrvore*) estivesse exposta ao ar livre, poderíamos perceber suas formas e cores do mesmo modo?

- O que mudaria em nossa percepção se a instalação de Liliana Porter estivesse em um local totalmente pintado de preto?

Pensar sobre essas questões nos ajuda a perceber que esses trabalhos criam uma composição visual com o local para onde foram pensados! Podemos dizer que o espaço onde cada um deles está instalado é parte integrante da obra.

No caso de Liliana Porter, o próprio ambiente onde sua instalação se encontra foi preparado. Uma sala completamente branca serviu para que ela distribuísse objetos e outros materiais pelo chão, formando um percurso que conduz nosso olhar à imagem de um homem com um machado (em miniatura) até objetos em madeira em tamanho natural quebrados, no canto da sala. Esse caminho, ou seja, essa forma de dispor os materiais nesse local, cria uma narrativa de identificação direta. É como se a "destruição" vista nesse conjunto de objetos tivesse sido feita pelo único personagem apresentado na cena – o homem com o machado que dá nome à obra.

Entretanto, com um olhar mais atento, mesmo por meio da fotografia, podemos notar que há uma diferença de "escala" entre os elementos reunidos, sendo que alguns são miniaturas e outros, objetos em tamanho real. Esse modo de brincar com as diferentes dimensões entre os componentes do conjunto causa uma distorção na cena, que nos distancia daquilo que ela representa e devolve nossa atenção ao fato de que a situação foi construída, elaborada por alguém.

Então, naturalmente nos lembramos de que se trata de uma cena montada, que não tem a intenção de representar algo que poderia ter acontecido de verdade. Podemos imaginar a própria artista colocando os objetos no chão, espalhando-os, arrumando-os cuidadosamente para parecer que caíram.

Sendo assim, ordem e desordem se encontram nessa instalação. Será que o piano já estava quebrado? Ou teria sido desmontado para criar a sensação de que foi destruído?

ANDANÇA

Podemos fazer da bagunça uma ordem ou construir um caos?

Vamos experimentar alguns processos de criação no espaço?

Ordenação e caos serão diferentes pontos de partida para pensarmos sobre como criar um trabalho que inclui o espaço como parte formadora de si.

A regra básica é: os objetos devem ter duas características fundamentais – uma semelhança e uma diferença (sendo que a diferença não poderá impedir a semelhança entre os objetos). Por exemplo: sapatos. Todos servem para serem calçados, têm uma forma parecida – essa é a semelhança –, mas cada um é feito de um material, tamanho e cor – essas são as diferenças. Podemos pensar em vários outros exemplos: lápis, almofadas, copos, cadeiras etc. Vamos trabalhar com variações de um mesmo tipo de objeto, pensando em como eles criam ritmos visuais e repetições. Recolham um grande número de exemplares do objeto escolhido e os levem para a aula no dia combinado.

Coloquem todo o material escolhido no centro da sala, formando um amontoado de objetos. Sentem-se em círculo em torno do volume criado pelos objetos e observem.

- Quais características tem esse agrupamento de objetos?
- Você o percebe como um conjunto de objetos ou como um único objeto formado por diversos elementos?

1. Organizem-se em duplas e coloquem-se novamente em círculo em volta do volume criado. Faremos uma rodada de criação de uma instalação, usando sempre o mesmo agrupamento de objetos e o espaço da sala de aula. A cada vez, uma dupla será responsável pela construção. Uma dupla por vez criará uma composição com os objetos. Devem, em primeiro lugar, optar por uma das duas vias de processo de trabalho: organização ou **caos**.

Glossário

Caos: confusão, desordem de elementos.

2. Para aqueles que optarem por uma montagem organizada, levem em conta algumas questões que podem ser interessantes, como as características que são capazes de revelar semelhanças ou diferenças entre os objetos. É possível criar agrupamentos menores por semelhança? Usando o exemplo dos sapatos, alguns subconjuntos possíveis seriam: cores semelhantes, modelos fechados e abertos, saltos baixos, médios ou altos etc. O interesse da dupla é sugerir ritmos visuais com base na repetição? Ou vocês querem destacar as diferenças?

3. Para aqueles que optarem pela montagem caótica, vale observar outros elementos: vocês vão usar a sorte, a casualidade para a construção? Ou vão sistematizar a "bagunça"? Todos os elementos ficarão no mesmo lugar ou vocês vão criar áreas diferentes com o acúmulo? Vão planejar uma instalação de modo que pareça ter sido feita sem pensar?

4. Seja qual for a opção feita pela dupla, vale pensar sobre algumas coisas que vão determinar a instalação: Quais serão suas escolhas estruturais para a montagem? Ela vai ocupar todo o espaço ou se concentrar em determinado ponto? O que vai guiá-los na construção: a materialidade, a forma dos objetos, uma provocação baseada nos significados que eles podem ter?

5. Depois que todas as duplas tiverem criado instalações diferentes com o mesmo conjunto de objetos, reflitam sobre os processos e as questões trazidas à tona.

TRILHA
De longe ou de perto, de fora ou de dentro

Agora vamos perceber detalhes das duas obras que abrem esta unidade. Volte a olhar as imagens. Observe que a relação das pessoas com esses trabalhos muda conforme elas se aproximam deles. Há pelo menos dois modos de percebê-los: de longe, como esculturas, formas que dialogam com o espaço ao redor, como uma estação de trem (no caso de *GaiaMotherTree*) e o centro de uma grande cidade (em *Cloud gate*); ou de perto, como "lugares" onde é possível entrar, tocar em sua superfície, perceber o material com que são construídos e experimentar como suas dimensões podem impactar nosso olhar.

Vistas de perto, as duas obras produzem efeitos que deslocam nossas percepções de espaço, fazendo com que nos sintamos pequenos pela diferença de tamanho entre nosso corpo e o "corpo" desses objetos. Desse modo, eles ocupam nosso campo de visão, interferindo e alterando os espaços em que estão instalados. Cada um deles tem sua própria forma de capturar nossa atenção. Observe o interior de *GaiaMotherTree*:

- Ele se parece com algum local que você conhece?
- De que material é feito?
- Que tipo de atividades poderiam acontecer num espaço como esse?

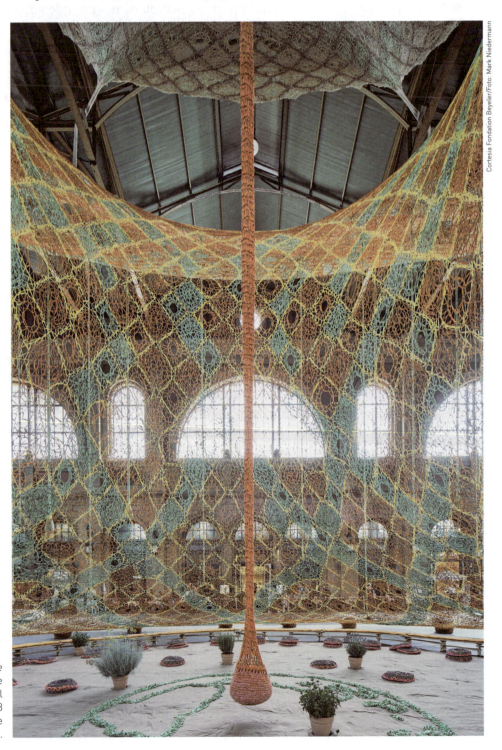

Interior de *GaiaMotherTree* (*GaiaMãeÁrvore*), de Ernesto Neto. Estação central de Zurique, Suíça, 2018 (detalhe que mostra a parte de dentro da instalação).

Observe o elemento pendurado em formato de gota, forma que se repete em vários pontos desse trabalho (e em diversas outras obras de Ernesto Neto). Esse elemento ajuda a distribuir os pesos dessa grande estrutura. Em outras obras do artista, esse elemento é recheado com ervas aromáticas que estimulam o sentido do olfato.

Toda a estrutura, que representa a forma de uma grande árvore, foi criada com cordas de algodão tecidas à mão e tramadas com uma técnica de crochê. O material empregado e o modo como foi produzido, assim como a técnica de manipulação que criou sua estrutura, são fatores que agregam camadas simbólicas à obra.

- Você consegue imaginar o tempo necessário para que toda a estrutura estivesse tecida e pronta para ser montada ou o número de pessoas envolvidas nesse trabalho?

Observe a textura criada pelas tramas de fios.

- De que maneira elas se relacionam com a arquitetura do entorno?

A instalação foi realizada em um momento em que o artista estava em contato próximo com a comunidade indígena Huni Kuin.

Observe, na imagem da página a seguir, como a interação com o entorno se altera de acordo com as mudanças de luminosidade ao longo do dia.

O conjunto de interações entre dentro e fora, luminosidades, transparências e dimensões cria uma composição dinâmica, que pode ser vista de inúmeros ângulos, fazendo com que as pessoas se movam para perceber suas formas e cores.

Perceba que a estação de trem e suas características arquitetônicas fazem parte dessa grande composição visual. Esse tipo de trabalho de arte, que existe em função de um lugar, pode ser chamado *site specific* (em português, "lugar específico").

Interior de *GaiaMotherTree* (*GaiaMãeÁrvore*), de Ernesto Neto. Estação central de Zurique, Suíça, 2018 (detalhe). No interior de *GaiaMotherTree* já aconteceram debates sobre arte, sustentabilidade e assuntos relacionados, rodas com práticas de meditação, apresentações musicais e visitas orientadas por arte-educadores para entender e perceber detalhes da instalação.

Agora vamos lançar um olhar sobre *Cloud gate*, de Anish Kapoor. Observe atentamente a imagem.

● **Onde estão refletidas, na superfície dessa escultura, as pessoas que vemos na imagem?**

Ao se aproximar da superfície de *Cloud gate*, o público pode ver inúmeras distorções do espaço e de sua própria imagem, produzidas pela superfície ondulada e espelhada, extremamente polida. Essas distorções, reflexos da área que circunda a escultura, apresentam uma nova imagem do entorno

da escultura, que ganha curvas e repetições, acompanhando as formas sinuosas da obra metálica, mas que não existem em sua observação direta. Agora, vamos olhar essa obra por outro ângulo, em outro horário do dia, na página seguinte.

Observe como a forma arredondada, além de "capturar" a paisagem da cidade e as luzes à sua volta, também capta as cores do céu, concentrando todas essas informações visuais em sua superfície.

- Que sensações você acha que essa obra pode causar em quem se aproxima?

Pessoas observam os reflexos na superfície de *Cloud gate*. Chicago, Estados Unidos, 2016.

Pessoas observam, ao final do dia, seus próprios reflexos e os do espaço ao redor da obra na superfície de *Cloud gate*. Chicago, Estados Unidos, 2013.

Um lugar para todos

A escultura *Cloud gate* foi criada para integrar a paisagem do Millennium Park em Chicago, Estados Unidos, tornando-se um dos símbolos da cidade, famosa pela indústria de metalurgia. Já a instalação de Ernesto Neto, por exemplo, ficou montada por apenas alguns meses na estação de trem de Zurique, na Suíça.

Essa proposta de trabalho criada para permanecer num local público, acessível a toda população e visitantes, também pode ser chamada arte pública. A convivência das pessoas com o trabalho de Anish Kapoor fez surgir um apelido para a escultura: "o feijão".

- Você já parou para olhar com mais atenção construções que demarcam o lugar em que você vive? Uma fonte? Uma praça? Um teatro? Uma estátua? Uma casa antiga que remete a tempos passados? Ou simplesmente um local onde as pessoas se encontram para realizar uma atividade coletiva?

Coordenadas

GaiaMotherTree em números

O nome do trabalho remete à figura de Gaia, que, na mitologia grega, era identificada como a própria Terra, a grande mãe que deu à luz Zeus, o deus mais poderoso das narrativas da Grécia Antiga.

Para realizar a instalação que está na estação de trem em Zurique, na Suíça, Ernesto Neto não trabalhou sozinho. Como já conversamos anteriormente, muitas vezes o artista conta com uma grande equipe para realizar seu trabalho. Para uma instalação tão grande quanto essa, muita gente esteve envolvida e muito material foi usado. Vamos ver alguns números?

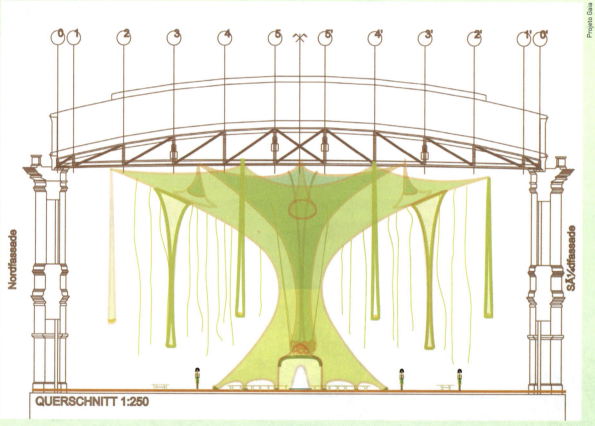

Imagem do projeto da Instalação *GaiaMotherTree*.

- 10.220 metros de tecido de algodão foram amarrados à mão;
- 420 quilos de especiarias e ervas foram pendurados no teto para equilibrar a instalação;
- 27 trabalhadores ficaram ocupados por 3 meses;
- 20 metros é a altura da árvore;
- 4 anos foi o tempo para a obra ficar pronta.

Fonte: Disponível em: <https://www.newlyswissed.com/gaiamothertree-ernesto-neto-zurich/>. Acesso em: 7 nov. 2018.

Clareira

Liliana Porter: o real e a aparência do real

Liliana Porter é artista plástica argentina nascida em Buenos Aires em 1941. Em seus trabalhos, busca criar paisagens que ficam entre um ambiente de sonho e uma realidade transformada, especialmente pelo uso que faz de miniaturas e objetos coletados. A diferença entre os tamanhos dos personagens e dos objetos – bidimensionais e tridimensionais – ou a mistura de elementos reais e simbólicos nos levam a repensar a realidade, assim como discutir diferentes modos de representação. Liliana vive e trabalha em Nova York desde 1964.

- Como você percebe as relações entre o real e as aparências na obra que aparece nas imagens?

Instalação *Man with axe* (*Homem com machado*), de Liliana Porter. 57ª Bienal de Arte de Veneza, Itália, 2017.

Instalação *Man with axe* (*Homem com machado*), de Liliana Porter (detalhe). 57ª Bienal de Arte de Veneza, Itália, 2017.

Ernesto Neto: redes, tramas, equilíbrios

O artista Ernesto Saboia de Albuquerque Neto nasceu no Rio de Janeiro em 1964. Estudou escultura em várias instituições importantes em sua cidade natal – como a Escola do Parque Laje e o Museu de Arte Moderna do Rio de Janeiro – e com escultores reconhecidos.

Algumas questões são exploradas ao longo de toda a sua obra, como as relações de tensão, equilíbrio e gravidade causadas pelo estiramento de tecidos e cordas. Também discute a sustentabilidade com o uso de materiais industriais em conjunto com técnicas manuais.

A visualidade de seus trabalhos reflete algumas das questões simbólicas de que trata: o manuseio de rendas, padronagens e tramas remete à rede à qual estamos todos conectados na humanidade. No Brasil, isso se expressa nas relações entre as matrizes portuguesas e indígenas.

- Você conhece algum outro trabalho artístico que envolva essa forma de trançado e materiais? Quais? De que maneira eles são?

Ernesto Neto trabalhando na construção de uma de suas obras, 2018.

Anish Kapoor: o visível e o invisível na matéria da arte

O artista Anish Kapoor nasceu em 1954, em Bombaim, na Índia. Iniciou os estudos em arte no seu país natal, depois se mudou para a Inglaterra e lá continuou a estudar e a aprofundar sua formação. É um artista de trabalho reconhecido internacionalmente e com obras públicas instaladas em diversos lugares do mundo. Kapoor explora com frequência a materialidade em suas obras, escolhendo, muitas vezes, como no caso de *Cloud gate*, materiais da indústria espacial e aeronáutica manipulados com alta tecnologia, para produzir efeitos de vertigem, ilusões de óptica e até distorções sonoras nos espaços onde são instalados. Deslocando nossas percepções a respeito do que é visível e invisível, real ou irreal, o artista produz camadas simbólicas em suas obras, geralmente ligadas a questões profundas e até mesmo espirituais.

TRILHA
Ilusões e sugestões de espaços

Seguindo o rastro de artistas que interferem nos espaços com suas obras e os transformam, vamos nos aproximar de um trabalho que nos instiga a novas interpretações desse tema. Observe a obra a seguir.

Nonsite petrified coral with mirrors, (Coral petrificado com espelhos), de Robert Smithson, 1971. Espelhos e corais, 78,7 cm × 78,7 cm × 78,7 cm.

- O que acontece com nossa percepção do espaço quando esse artista alinha três espelhos dessa forma? Explique.

Em *Nonsite petrified coral with mirrors* (*Coral petrificado com espelhos*), o artista Robert Smithson (1938-1973) apresenta uma obra que ocupa materialmente a área de um cubo no canto de uma sala. Por meio dos reflexos dos espelhos que a compõem, o artista cria uma ilusão que desdobra o espaço ocupado pelo trabalho em outros espaços que não existem, mas são visíveis nas faces desses espelhos. Sendo assim, podemos considerar que parte de sua obra só existe como imagem, ou seja, como reflexo dos espelhos.

O formato quadrado de cada um dos três espelhos encaixados sugere a forma de um cubo. O amontoado de corais petrificados, colocadas na região do encontro desses espelhos, reforça a sensação de que vemos a representação de um território delimitado – como uma ilha cercada de água. O jogo dos reflexos quadruplica a imagem, ampliando esse território em uma composição com quatro partes iguais, simétricas, mas apenas uma dessas partes é real: as demais são apenas reflexos no espelho.

Vamos refletir sobre os materiais utilizados pelo artista, espelhos e corais.

- Quais relações podemos estabelecer entre esses elementos da composição?

Quando o artista escolhe usar espelhos, pode estar interessado em uma série de possibilidades baseadas nesse material: a mais imediata diz respeito à sua capacidade de refletir o mundo.

Por meio de *Nonsite petrified coral with mirrors* tivemos contato com um jogo visual que amplia os horizontes da criação visual e nos instiga a pensar sobre aquilo que denominamos "espaço", explorando os limites entre as linguagens do desenho, da pintura, da escultura e da instalação, uma vez que esse trabalho dialoga com diferentes qualidades específicas de cada um desses campos da arte.

Outro exemplo desse tipo de exploração está no trabalho de Jesús Rafael Soto (1923-2005), que podemos observar na imagem ao lado. Olhe atentamente.

- Como você imagina que se formou a imagem das esferas que "pairam"?

A obra trabalha com o limite entre o que realmente enxergamos e aquilo que imaginamos. Na fronteira entre o que existe e não existe. Para entendê-la, vamos falar um pouco mais sobre a construção de imagens: entre as linguagens mais tradicionais das artes visuais, estão o desenho e a pintura.

Esfera amarilla (*Esfera amarela*), de Jesús Rafael Soto, 2004. Linhas e outros materiais, 2,60 m × 2,11 m × 2,11 m.

- Como você definiria desenho? E pintura?
- Será que essas linguagens se definem apenas pelos materiais que nelas são usados, como lápis e tinta, por exemplo?

Podemos definir *desenho* como uma representação que usa pontos, linhas e formas para gerar uma imagem. Tradicionalmente, associamos *desenhar* com processos que envolvem a linha, contornos que traduzem uma imagem para uma superfície. Será que podemos desenhar com pincel e tinta, por exemplo? Ou, ainda, com outros tipos de materiais?

Na obra *Esfera amarilla*, o artista venezuelano Jesús Rafael Soto se utiliza do elemento visual básico do desenho – a linha – para criar uma ilusão de tridimensionalidade, fixando fios esticados, lado a lado, em distâncias iguais, criando uma massa de linhas paralelas. Todos os fios são brancos, pintados de amarelo em trechos específicos, de modo calculado. A organização dos fios pintados produz o efeito que vemos na foto. O conjunto de fios é percebido pelos nossos olhos e, por interferência do cérebro, agrupa os elementos visuais semelhantes, formando a imagem da esfera. Sendo assim, essa mistura entre desenho, pintura e escultura nos coloca diante de uma imagem que nos devolve a pergunta:

- O que realmente estamos enxergando?

CONEXÕES

Louise Bourgeois – Faço, desfaço, refaço

Denise Stoklos em cena no espetáculo *Louise Bourgeois – Faço, desfaço, refaço*, 2009. O jogo cênico estabelecido por grades, espelhos e focos de luz produz diferentes efeitos e deslocam os pontos de vista da plateia.

No ano 2000, inspirada pelos escritos da escultora francesa Louise Bourgeois (1911-2010), a atriz brasileira Denise Stoklos estreou um espetáculo chamado *Louise Bourgeois – Faço, desfaço, refaço*. As duas artistas se conheceram em Nova York, e o espetáculo foi todo desenvolvido com base nesse encontro. Na peça, Denise entrava em cena representando a escultora. O texto foi traduzido e adaptado pela atriz tomando por base alguns textos escritos por Louise Bourgeois. Uma das grandes marcas da cooperação entre as artistas era o cenário – composto de esculturas de ferro que formavam uma espécie de instalação, criadas pela escultora especialmente para a peça.

Entre os assuntos do espetáculo, o processo criativo da artista plástica se evidenciava pela presença das esculturas em cena e pela relação que a atriz vai desenvolvendo com cada uma delas ao longo da peça.

Na imagem a seguir, temos uma visão do cenário.

Cena do espetáculo *Louise Bourgeois – Faço, desfaço, refaço*, 2009. Denise Stoklos explora cada detalhe dos elementos de cena para construir sua narrativa sobre Louise Bourgeois: uma história permeada de reflexões sobre o que move a criação da artista.

Clareira

Denise Stoklos e o Teatro Essencial

A atriz e diretora Denise Stoklos nasceu em Irati, no interior do Paraná, e é reconhecida em todo o mundo pelo Teatro Essencial, inventado por ela. Nessa proposta, o ator, com seu corpo e sua voz, está no centro do evento teatral, usando toda sua expressividade na elaboração e apresentação da cena. Em seus espetáculos, Denise está sozinha em cena. São monólogos que ela mesma escreve, dirige e atua com poucos ou nenhum elemento em cena.

Observe que a atriz está em frente a uma escada de ferro segurando um tecido. No cenário, a escada não chega a lugar nenhum, parece se sustentar no ar, ficando de pé, apoiada apenas pela fixação na plataforma, no chão. Com a ajuda da iluminação, pode-se esconder ou revelar o ponto em que a escada alcança, criando diversas leituras sobre seu significado. Uma escada serve para muitas coisas, por exemplo, alcançar algo que está acima de nós; nesse sentido, a imagem pode simbolizar a relação da artista com suas ideias. Por meio de uma escada, é possível passar de um andar a outro, de um espaço para outro, ou seja: a escada liga dois ambientes, duas experiências, dois universos; ou, ainda, podemos usar uma escada para, literalmente, ver as coisas de outro ponto de vista, e isso, para os artistas, é um exercício instigante.

Ao lado da escada, vemos uma espécie de gaiola com uma cadeira, uma mesa e outros elementos em seu interior. Feita de ferro, essa estrutura pode representar uma cela, uma gaiola, mas também um quarto, uma casa e mesmo um ateliê, um espaço de criação para o artista ou qualquer pessoa que o habite. O fato de conseguirmos ver tudo o que se passa em seu interior nos oferece dois pontos de vista simultâneos: esse lugar isola, separa e, ao mesmo tempo, protege, acolhe quem está lá dentro. A relação com o espaço externo fica mais evidente pela presença de um espelho redondo no teto, que permite ao público ver o interior desse espaço sem a interferência das paredes trançadas de ferro.

A terceira escultura que compõe o cenário do espetáculo é outro espelho de forma oval, bem maior. Em determinado momento do espetáculo, Denise se senta de frente para esse grande espelho e consegue ver, além de si mesma, parte da plateia. Já a plateia consegue ver a atriz de frente e de costas e, dependendo do lugar em que se está, também pode ver a própria plateia refletida. Vale ressaltar a potência de um material cotidiano como o espelho, utilizado aqui pelas duas artistas como elemento **escultórico** e cênico: quando a atriz que representa a artista plástica se coloca diante do espelho, temos a metáfora do encontro entre essas duas mulheres que se observam, se encaram e se refletem.

Glossário
Escultórico: relativo a escultura, escultural.

ANDANÇA
Arte/ilusão/reflexão!

Como vimos até aqui, iludir a visão pode ser um elemento expressivo, usado em criações de artistas que buscam explorar efeitos, assim como produzir reflexões sobre o que é visível e o que é real associação que nem sempre é verdadeira.

- Você já se surpreendeu com alguma situação em que seus olhos foram enganados?

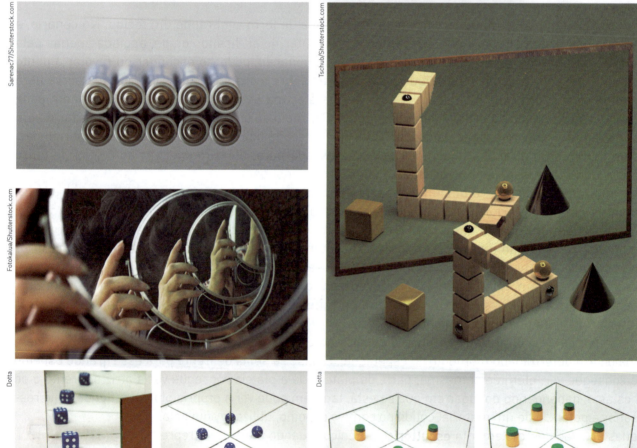

Conjunto de imagens que mostram exemplos de ilusões que podem ser criadas com a manipulação de espelhos.

- Quando determinado ponto de vista pode criar imagens que não correspondem ao real?
- Você já criou ilusões visuais manipulando um espelho?

Nas imagens acima, vemos alguns exemplos de ilusões que podemos criar com a manipulação de espelhos em relação a um ponto de vista.

Com base nos exemplos apresentados, que tal agora elaborar seu próprio jogo de reflexos para criar um trabalho artístico?

Criando espaços que (não) existem

1. **Reúna espelhos:** em primeiro lugar, vamos precisar reunir espelhos, ou objetos que tenham espelhos agregados, como estojos de maquiagem. Faça uma coleta de espelhos acessíveis para serem usados por um tempo e devolvidos depois. Essa prática pode ser realizada individualmente ou em grupo, de acordo com o número de espelhos arrecadados.

2. **Encontre um conceito a ser explorado:** para realizar sua composição visual usando espelhos, é importante estabelecer quais ideias serão trabalhadas. Olhando para os trabalhos de Soto, Smithson, Kapoor e Bourgeois, converse com os colegas e reúna palavras que comuniquem percepções que tiveram sobre esses trabalhos. Anote-as em pequenos pedaços de papel. Sorteie uma ou duas palavras para cada criação (individual ou em grupo). Elas deverão nortear o trabalho.

3. **Explore as possibilidades:** após a escolha das palavras que devem nortear a criação, agora é hora de explorar as possibilidades, manipulando os materiais em relação aos espaços e objetos que podem ser agregados à composição. Explore os ângulos entre os espelhos e o chão, outros espelhos, objetos, possibilidades de alinhamento entre os espelhos, pontos de vista. Vale lembrar que vidros, superfícies transparentes, copos de água e alguns objetos de metal também podem produzir reflexos e ajudar a criar novos efeitos. Por que não adicioná-los à sua criação? Importante: O sucesso de sua criação está diretamente ligado ao ponto de vista de quem vai ver seu trabalho. Portanto, para ter um resultado interessante, será preciso encontrar um modo de fixar os espelhos ou definir com precisão de que maneira eles devem ser segurados por alguém, para que o efeito alcançado seja mantido.

4. **Partilhe e perceba os resultados:** agora é o momento de expor suas explorações aos colegas e ver o que eles produziram. Lembre-se de que são criações artísticas e é possível que um mesmo trabalho possa ser interpretado de modos diferentes.

TRILHA

Espaços e deslocamentos

Observe a seguir o trabalho da série Fotocromáticos, de Marcelo Moscheta.

Na parte superior, vemos uma paisagem árida, com o horizonte ao longe, retratada em preto e branco. Logo abaixo, há uma tabela de cores, com números que parecem identificá-las.

Atacama 003, da série *Fotocromáticos*, 2012. Filme fotolito, tabela de códigos Pantone® e acrílico. Edição única, 43,5 cm × 85 cm.

- Para você, essas cores têm relação com a paisagem retratada? Por quê?

Glossário

Subjetivo: oposto ao que é objetivo, que está relacionado à percepção e às ideias com base no sujeito.

O artista usa uma escala muito conhecida, talvez a mais usada atualmente como referência em processos de impressão gráfica, nas indústrias têxtil e plástica, que leva o nome Pantone®.

Uma das motivações para a criação dessa escala foi a percepção de que, quando falamos de cores, estamos falando de um conceito bastante **subjetivo**, ou seja, variável de pessoa para pessoa.

Paleta de cores Pantone® (detalhe).

- Você já passou pela situação de olhar para algo com outra pessoa e cada um de vocês atribuir um nome de cor diferente?

Marcelo Moscheta apresenta um desafio interessante: temos, de um lado, uma fotografia sem cores e, do outro, uma série de tons definidos por numeração e nome.

- O que pode acontecer quando esses dois elementos se encontram?

Quantas cores vemos?

Vamos fazer um exercício: olhe para uma janela que esteja voltada para o ambiente externo. Tente contar a quantidade de cores que você identifica na paisagem que vê. A seguir, perceba quantos tons diferentes da mesma cor você pode identificar.

É muito comum nos referirmos às cores sem muita precisão: isto é verde, aquilo é vermelho, aquele outro é amarelo. Se formos um pouco mais longe, podemos notar quanto nos acostumamos a não olhar com cuidado a grande diferença de tonalidades presentes no mundo e nas suas possibilidades dentro da representação.

Com a sobreposição da foto com os tons dentro da escala, Marcelo Moscheta nos convida a realizar a combinação entre as duas coisas de modo pessoal e único. Naturalmente, o olho tende a pensar nas duas informações em conjunto e nos vemos, de algum modo, imaginando onde cada um dos tons indicados pode se encaixar, como em um jogo. Essa provocação vai ainda além:

- Como costumamos olhar as paisagens que nos cercam? Ou seja, como é o mundo que construímos tomando como base nosso olhar?

Como vimos em vários trabalhos nesta unidade, há uma série de artistas que trabalham com procedimentos poéticos, isto é, parte de seu trabalho de criação não passa pela manipulação das materialidades físicas, mas pelas ideias que tomam forma por meio de ações. Por exemplo: a artista Brígida Baltar criou uma série de obras baseadas na ideia de coleta de elementos da natureza. Observe as imagens da série *Coletas*.

- Você consegue imaginar quais são os movimentos realizados e quanto tempo a artista levou para realizar cada uma das ações registradas nas fotografias?

A primeira imagem é a do trabalho *A coleta da neblina #33*. Nela, vemos a artista com pequenos potes de coleta nas costas, em uma paisagem que parece misteriosa e um pouco irreal, por causa da neblina. Assemelha-se à atmosfera de um sonho.

Na imagem seguinte, *A coleta da maresia*, a artista usa um objeto transparente, de aparência leve, em um movimento igualmente gracioso. Essas duas ações, com uma terceira, em que a artista coletava o orvalho, formam a série *Umidades*. Brígida Baltar busca encontrar e evidenciar quanto os fenômenos da natureza, aparentemente banais, podem conter elementos poéticos. Mais que acumular potes com elementos da natureza, a artista acaba por transformar nosso olhar para as coisas comuns, nos fazendo repensar nossa relação com o tempo e o espaço.

- Tomando por base os trabalhos vistos até aqui, você poderia citar diferentes significados que a palavra "espaço" pode ganhar numa obra de arte?

A coleta da neblina #33, de Brígida Baltar, 2002. Foto-ação, 40 cm × 60 cm.

A coleta da maresia, de Brígida Baltar, 2001. Fotografia, 40 cm × 60 cm.

CAPÍTULO 2
Vozes que ocupam espaços

Ágora: OcaTaperaTerreiro, de Bené Fonteles, 2016 (exterior).

Observe as cores desse ambiente, o telhado e o círculo central.

- Quais objetos se encontram no círculo e pendurados na parede? Você já teve contato com objetos desse tipo?
- Que tipos de atividades devem ocorrer dentro desse espaço?
- O nome desse trabalho pode ajudar na resposta?

O ambiente que observamos na imagem é um projeto de arte do artista paraense Bené Fonteles. O nome do trabalho faz uma justaposição de palavras similares: *Ágora: OcaTaperaTerreiro*.

- Você conhece cada uma dessas palavras? O que significam?

Todas denominam locais de encontros, centrais para entender trabalhos como esse, que buscam transpor a fronteira do mundo da arte, caracterizando-se por promover ações de cidadania.

Neste capítulo, vamos nos aproximar de obras que tratam de limites, territórios e identidade, para compreender diferentes interações entre arte e sociedade.

Ágora: OcaTaperaTerreiro, de Bené Fonteles, 2016 (interior).

CAMINHOS
Território identidade

O trabalho que abre este capítulo é um "lugar" idealizado, planejado e construído com uma equipe de profissionais, para abrigar objetos que se referem à cultura popular brasileira. Nesse local já ocorreram palestras, encontros, rituais, debates e *performances* ligadas a tradições presentes no território brasileiro.

Além de ser um trabalho de arte, é uma forma que Bené Fonteles encontrou para promover discussões sobre a identidade do povo brasileiro e a necessidade de revalorizar as raízes que constituem a riqueza de nossa cultura ancestral.

Na imagem interna, podemos ver, no centro da grande roda, alguns bancos característicos da arte indígena e, nas paredes, penduradas, há uma série de redes de pesca, que realmente foram utilizadas por pescadores e agora se tornaram elementos simbólicos que integram esse ambiente.

O espaço conta com uma pequena exposição de objetos de variadas regiões e épocas do país, formando um conjunto de referências simbólicas que fazem parte do imaginário popular.

Denilson Baniwa. *La Gioconda kunhã*, 2017. Infogravura, dimensões variáveis.

A própria estrutura do espaço foi realizada tomando como base técnicas tradicionais de construção, usadas por muitas populações que vivem afastadas dos centros urbanos. Desse modo, em todos os detalhes, a **Ágora**/Oca/Tapera/Terreiro constitui um território aberto para as manifestações que fortaleçam a singularidade das sociedades tradicionais brasileiras.

 **Clareira**

Bené Fonteles e o *artivismo*

Bené Fonteles nasceu no Pará e é artista visual, poeta e compositor. Costuma trabalhar com uma mistura de técnicas e materiais e usa elementos naturais como pedras, corda, pedaços de tronco e, principalmente, a terra brasileira em suas composições. Com um grupo de artistas que se encontrava em Cuiabá (MT), criou, na década de 1980, o termo "artivista" para designar um tipo de artista que deseja chamar a atenção da sociedade para questões ecológicas.

- Na sua opinião, o que é preciso para ser um "artivista"?

O trabalho de Fonteles cria um "espaço" que oferece ao público a possibilidade de mergulhar no universo de imagens, formas e até mesmo cheiros – ele também ocupa a Ágora com ervas típicas consideradas sagradas em diversas práticas religiosas –, que podemos reconhecer em nossa cultura.

Agora vamos olhar um trabalho que tem intenções semelhantes, mas segue em outro sentido. O artista, *designer* e ilustrador Denilson Baniwa, utiliza-se de uma única imagem que não pertence à nossa tradição, da obra de arte mais famosa do mundo, transformando-a visualmente, como podemos ver a seguir. Repare no título da obra.

> **Glossário**
>
> **Ágora:** termo grego que designa um espaço de reunião das pessoas da comunidade; seria o equivalente a uma grande praça pública.

- Você conhece a palavra *kunhã*? Sabe o que significa?

Quando o artista Baniwa decide "intervir" em uma imagem, geralmente bastante conhecida, para agregar a ela elementos que se referem às populações indígenas, está realizando um procedimento que, em arte, podemos chamar *apropriação*. Isso quer dizer que ele se apropria de algo que já existe – no caso, da imagem da *Mona Lisa (La Gioconda)* – para deslocar seu significado, produzindo um novo modo de olhar para um elemento já conhecido, agregando a ele novos significados.

A palavra *kunhã* significa "mulher" em tupinambá, e *Mona Lisa* é uma das imagens mais difundidas no mundo. Dessa forma, Baniwa insere esse símbolo da arte renascentista italiana (período entre os séculos XIV e XVI) na nossa cultura, transferindo a força simbólica dessa obra para um tema brasileiro, tomando emprestada sua fama mundial para exaltar a cultura indígena local.

A seguir estão outros dois trabalhos de Denilson Baniwa. Observe os elementos visuais, as formas, as cores e os grafismos.

Denilson Baniwa. *Gavião real/Kamathawa*, 2017. Nanquim sobre papel reciclado, 21 cm × 29,7 cm.

Denilson Baniwa. *Gavião real/Kamathawa pescando*, 2015. Infogravura para recorte em vinil e aplicação em parede ou fabricação de estêncil, dimensões variáveis.

Clareira

Denilson Baniwa

Denilson Baniwa nasceu na aldeia Darí, em Barcelos, no Amazonas. Trabalhando como publicitário, artista gráfico, comunicador, ilustrador, *web* ativista e ativista dos direitos indígenas, criou em 2013 a Rádio Yandê, com o objetivo de utilizar a velocidade dos meios de comunicação para propagar a cultura indígena fora das aldeias. Sua produção é totalmente voltada para as questões indígenas.

- Que outras manifestações da cultura indígena você conhece? Quais são as semelhanças ou diferenças entre elas e as obras mostradas nas imagens?

Diferentemente do que fez com a imagem de *Mona Lisa*, aqui Denilson Baniwa parte do repertório visual original de sua cultura, com suas próprias simbologias e modos de representação, para nos apresentar imagens de arte. Esses trabalhos traduzem e revalorizam essas tradições, ao mesmo tempo que se difundem pelo sistema das artes. Suas imagens são reconhecidas como obras de um artista contemporâneo, em diálogo com a produção de arte mundial, ampliando sua presença nos espaços de arte, divulgando sua existência (e resistência) para o mundo.

TRILHA
Marcas e sinais que revelam gestos

- Você já imaginou significados para riscos, rachaduras, manchas ou áreas descascadas de um muro?

Toda vez que linhas ou formas quaisquer ganham significados, mesmo que tenham sido produzidas pelo acaso, como rachaduras, podemos dizer que nossa imaginação foi ativada para dar sentido a um elemento visual. Isso acontece por um processo natural em nossa capacidade de percepção. Na arte, esse diálogo entre a forma e seu significado pode ser explorado de diferentes modos, já que estamos falando de uma linguagem subjetiva.

Observe ao lado a obra *Sofá*, do artista catalão Antoni Tàpies (1923-2012).

Antoni Tàpies. *Sofá*, 1984.

- Você consegue reconhecer alguma figura ou símbolo?
- Seria possível identificar marcas de gestos feitos pelo artista para manipular os materiais enquanto realizava esse trabalho?

Antoni Tàpies realizou esculturas, instalações, gravuras e pinturas com roupas, móveis, objetos, terra, areia, pó de mármore, pedaços de madeira, entre outros elementos. Sempre buscou explorar a expressividade presente nos próprios materiais que escolheu utilizar. Em suas pinturas, geralmente, trabalhava com a tela no chão, para que pudesse despejar grandes quantidades de tinta ou misturas de materiais pastosos, criando massas que se fixavam na tela depois de secas. Observe abaixo mais um trabalho desse artista.

Coleção particular/Foto: Oronoz/Album/Fotoarena © Fondation Antoni Tàpies/AUTVIS, Brasil, 2018.

Antoni Tàpies. *Autorretrato com paisagem*, 1987. Técnica mista, 2,20 m × 3,00 m.

- As marcas e gestos deixados pelo artista comunicam que tipo de sensações?

Nos trabalhos mostrados aqui, assim como na maioria de suas composições, Tàpies explorou as marcas deixadas por seus gestos enquanto manipulava os materiais. Sua intenção, entre outras, era revelar a força empregada pelas suas mãos enquanto riscava, raspava, modelava ou removia camadas de tinta, terra e outros revestimentos da tela.

Coordenadas

Por que *Mona Lisa*?

- Você conhece esta imagem?
- O que sabe sobre ela e seu autor?

Leonardo da Vinci (1452-1519) foi pintor, arquiteto, inventor e matemático, entre outras coisas. Sua obra mais famosa é *Mona Lisa*, possivelmente a obra de arte mais conhecida do mundo. Por que será que ela ficou tão conhecida?

Antes de mais nada, vale olhar para ela com calma.

A pintura se destaca pelo grande domínio técnico do artista na construção da figura. Ela é feita com pinceladas muito finas, jogos de cores e sombreamentos que produzem mudanças de tom de modo delicado, sem que nosso olhar consiga perceber claramente os limites onde isso acontece. Os contornos ficam diluídos, pouco definidos, como é possível observar nos detalhes ampliados.

Mona Lisa, de Leonardo da Vinci,1503-1506. Óleo sobre madeira, 77 cm × 53 cm. Esta obra se tornou símbolo da destreza de seu autor, considerado "mestre da pintura".

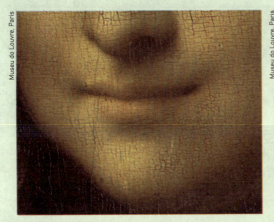

São artifícios como esses, entre outros, que ajudaram a criar o mito do seu sorriso misterioso. A fama também se deve às escassas ou contraditórias informações sobre a mulher retratada e por histórias misteriosas que apontam para detalhes da obra que poderiam ser símbolos escondidos pelo autor para transmitir mensagens secretas. O que não faltam são teorias a respeito das razões pelas quais nos sentimos tão intrigados por essa obra.

Tornou-se tão popular que foi e segue sendo reproduzida em diversas ilustrações, cartazes, filmes, desenhos de humor e trabalhos de outros artistas, que a utilizam como símbolo. São tantos os significados atribuídos à sua imagem que parece difícil parar e olhar com calma para os detalhes. Em outras palavras, quando observamos *Mona Lisa*, podemos apenas aceitar que se trata da pintura mais famosa do mundo ou tentar entender os motivos que a fizeram se tornar conhecida desse modo.

Clareira

Antoni Tàpies: a força do gesto rebelde!

Todo trabalho de Tàpies é ligado aos seus estudos e à sua trajetória de vida, revelando camadas de significado em suas obras. Tàpies estudou direito (profissão de seu pai) até desenvolver uma tuberculose que o obrigou a ficar quase um ano no quarto de um sanatório.

O período de resguardo foi decisivo para que ele aprofundasse estudos de filosofia, principalmente relacionados à espiritualidade de países como a Índia e a China, e desenvolvesse desenhos ligados a simbologias esotéricas, as quais estudava. Recuperando-se da enfermidade, decidiu ser artista.

A juventude de Tàpies foi marcada pela instauração de uma ditadura em seu país, o Franquismo (1939-1975) e pela Segunda Guerra Mundial (1939-1945), experiências que marcariam seu trabalho artístico. A gestualidade que explora em suas obras expressa movimentos rápidos e bruscos, que ficam impressos, registrados, nas superfícies de suas obras. São vestígios de um corpo que agiu sobre determinados materiais, como é possível detectar no detalhe do trabalho abaixo.

Visitante observa um trabalho de Tàpies na fundação que leva seu nome em Barcelona (Espanha).

Olhando as obras apresentadas aqui, podemos ver o "embate" entre o artista e a matéria que ele manipula. Esses gestos fazem referência aos atos de protesto, à rebeldia contra o poder corrompido, referindo-se ainda aos gestos dos ativistas que escrevem mensagens políticas nos muros das cidades, durante a noite, escondendo-se da repressão. Também faz alusão direta, em muitas telas, à identidade e à luta pela independência da Catalunha, sua terra natal, região da Espanha que almeja ser um país independente.

Ao mesmo tempo em que todos esses elementos políticos se manifestam em seus trabalhos, utiliza-se de símbolos místicos e religiosos que aparecem continuamente. São letras, palavras, números, cruzes (que podem também ser o sinal +), desenhos de partes do corpo. Sendo assim, o trabalho de Tàpies mistura temas políticos, espirituais, filosóficos, enquanto reflete sobre a criação em arte.

- Olhando novamente os trabalhos do artista, responda: que sensações ou emoções as marcas presentes em suas obras podem comunicar?

37

Mirante

Lugares únicos: a Pedra do Ingá!

Revendo as imagens que abrem este capítulo, reflita:

- Quais objetos, cores ou desenhos você reuniria para representar a cultura do lugar onde vive?
- Quais características naturais são marcantes no lugar em que você mora?

Além das construções que caracterizam a singularidade de um lugar, sabemos que as características naturais de uma região também constituem sua identidade. O tipo de relevo, os rios, a vegetação, o clima são qualidades que influenciam o modo como reconhecemos os lugares onde vivemos ou por onde passamos.

Na cidade de Ingá, na Paraíba, existe um lugar único, onde as características naturais se encontram com a expressão de um grupo humano muito antigo, cujas marcas revelam uma história ainda desconhecida. Trata-se de um sítio arqueológico que tem como elemento central um paredão de pedra com inscrições realizadas há cerca de 6 mil anos. Observe a imagem.

- O que você imagina que essas inscrições comunicam?

Pedra do Ingá. Sítio arqueológico Pedra Lavrada, Ingá (PB), 2014.

São inscrições que sugerem formas de animais, vegetais, símbolos e até constelações, mas que não puderam ser traduzidas com exatidão até hoje. Como essa formação rochosa fica às margens de um rio, permanecendo periodicamente encoberta pela água, não foi possível realizar sua datação com precisão nem descobrir qual povo teria sido autor das marcações. A seguir, alguns detalhes das incisões em forma de ponto que formam uma linha e percorrem quase toda extensão dos desenhos.

- Quais dessas formas você considera "reconhecíveis"? Como você as traduziria livremente?

Estima-se que essa sequência de pontos poderia indicar a divisão entre o céu e a terra, já que abaixo dela estão formas que se assemelham a plantas e animais. Também se considera a hipótese de que seja um tipo de marcação do tempo, como a contagem de um período de dias. Em outro local dessa mesma formação rochosa, há desenhos que os pesquisadores acreditam que poderia ser a representação da constelação de Órion, bastante visível no céu local. Seja qual for o significado dessas marcas, elas permaneceram aguçando ao longo do tempo a imaginação das pessoas que passaram por ali posteriormente. Mesmo os indígenas que habitavam a região na época da chegada dos europeus não sabiam dizer de quem era a autoria dos desenhos. Ao serem indagados pelos colonizadores portugueses, chamavam o local de Itacoatiara, que, na língua tupi, significa *pedra riscada* ou *pedra pintada*.

Pedra do Ingá. Sítio arqueológico Pedra Lavrada, Ingá (PB), 2013 (detalhe). Os pontos, lado a lado, formam uma linha que percorre quase toda extensão das inscrições na Pedra do Ingá.

- Será que essas marcas desejavam narrar algo que teria acontecido ali?

ANDANÇA

Rastros de gestos artísticos!

Abra seu caderno e examine com cuidado a forma como você preenche o papel com sua escrita. Olhe a expressividade de suas letras, linhas, rabiscos ou marcas que deixou no papel, mesmo sem querer. Perceba que todas essas informações podem ser vistas como elementos visuais.

- O que esse conjunto pode comunicar sobre você?

Compartilhe suas impressões e converse com os colegas sobre as características do seu **traço** e de sua **caligrafia**. Cada risco que faz no papel, o modo como ocupa os espaços na folha, as áreas que deixa vazias e mesmo a força que emprega na caneta ou no lápis, produzindo linhas grossas ou finas, sinuosas, retas, firmes ou delicadas, são fatores que revelam qualidades expressivas.

Agora, inspirados pelas manifestações expressivas que vimos na Pedra do Ingá e nos trabalhos de Tàpies, vamos criar uma composição por meio de traços, rabiscos e marcas que podemos imprimir sobre determinado suporte.

> **Glossário**
>
> **Caligrafia:** termo que se refere às características expressivas da escrita de uma pessoa, como o formato das letras, o tipo de traço, a inclinação das palavras na linha do papel etc.
> **Traço:** em Artes Visuais, chamamos traço as características únicas presentes na expressão com que uma pessoa desenha, traça linhas, delineia formas.

Preparação

Vamos utilizar pedaços de papelão, que podem ser reaproveitados de caixas usadas para transportar produtos em lojas e supermercados, por exemplo. Serão três placas para cada aluno. Use o material expressivo que tiver à mão: pode ser lápis comum ou de cor, tintas diversas, canetas, massas de modelar, terra e outros materiais que possam ser agregados ao papelão.

Ação sobre o suporte

O exercício acontece em três momentos diferentes. Em cada um deles você vai utilizar uma placa de papelão diferente. Serão três oportunidades para realizar explorações no suporte de papelão. Cada momento será marcado e conduzido por orientações e estímulos fornecidos pelo professor.

Sua composição pode conter letras, símbolos inventados, rabiscos e todo tipo de intervenção que o papelão, material maleável, pode receber. Tente explorar diferentes possibilidades de ocupar suas placas e diversas interações entre as informações visuais que ficarão impressas nelas. Não se preocupe em representar algo nem em contar algum tipo de história. Apenas aguarde as instruções e explore as possibilidades dos materiais que tem em mãos.

TRILHA

Caminhantes da arte

Agora vamos estudar dois artistas que uniram suas experiências de vida às características dos lugares onde vivem, relacionando seu passado a criações artísticas ousadas, questionando a oposição entre antigo e novo. Suas obras revelam a força das tradições locais que impulsionam novas percepções sobre o futuro das artes e da vida em sociedade.

Observe a imagem na página seguinte.

- **Como os elementos visuais (linha, cores, formas) podem se relacionar com o nome do trabalho ou com a frase escrita em sua parte inferior?**

A estrada da vida III, de Jorge Luiz Fonseca, 2008. Esmalte sintético sobre madeira e bordados sobre lona de caminhão, 220 cm × 190 cm × 5 cm.

Jorge Luiz Fonseca é autodidata e teve inúmeras profissões, entre elas, maquinista de trem, marceneiro, *designer* de móveis e arte-educador. Conta que costumava visitar exposições até decidir ele mesmo produzir arte. Considera que todas as suas vivências foram, de algum modo, preparatórias para seu modo de criar e inspiradoras dos temas que movem seus trabalhos.

Na obra que vemos aqui, ele utiliza bordado sobre lona de caminhão para criar uma composição com linhas e frases que aludem à pluralidade de caminhos.

- Como você percebe as conexões entre forma (qualidades visuais) e conteúdo (suas ideias) nessa obra?

Se listarmos os materiais e elementos visuais empregados na criação, vamos perceber que tudo se refere ao tema central, expresso pelo nome da obra: *A estrada da vida III*. A frase "Por onde andei saudades deixei", as linhas e frases bordadas em diversas cores que se cruzam, o pedaço da caçamba de um caminhão, a lona que serve para encobrir e proteger a carga transportada. Todos são elementos que nos fazem relacionar essa imagem a ideias como "idas e vindas", experiências, viagens, trajetos.

Agora vamos nos aproximar de um artista que incorpora o próprio ato de caminhar e percorrer diferentes trajetos em sua produção artística. Observe as imagens abaixo.

- Como você imagina que aconteceu este trabalho de arte?

O artista Paulo Nazareth chamou a atenção de inúmeros curadores de arte internacionais quando realizou o trabalho *Notícias de América*, entre 2011 e 2012. O trabalho consistiu em se deslocar do Brasil aos Estados Unidos a pé e de carona com pessoas que conheceu pelo caminho.

Ele realizou o percurso usando apenas um par de sandálias como calçado (posteriormente exibida em uma galeria de arte, como vemos na foto), e isso tem sentido simbólico. O objetivo era levar um pouco da poeira da América do Sul acumulada em seus pés até a América do Norte. Por isso, durante todo o percurso, ele não lavou os pés. Como um andarilho, percorreu dezenas de cidades e vários países, para chegar ao "Norte", da mesma maneira como fazem inúmeros imigrantes.

Notícias de América, de Paulo Nazareth, (2011-2012).

Nessas andanças, Nazareth fez amizades, assinalando lugares por onde passou e pessoas com quem teve contato. Desses encontros, acabaram surgindo ações simbólicas que também foram registradas: durante todo o percurso, Paulo se deixou fotografar segurando cartazes com mensagens de ironia a respeito de sua condição social, de artista latino-americano, descendente de indígenas e africanos, seguindo até Nova York, onde finalmente lavou os pés no rio Hudson. Em seguida, participou da *Art Basel Miami Beach*, com o trabalho *Banana Market/Art Market*, em que encheu uma perua com bananas e permaneceu segurando um cartaz com a frase: "Vendo minha imagem de homem exótico", cobrando 1 dólar por foto com uma pessoa do público. A cidade de Miami é também conhecida por ser muito procurada por estrangeiros que desejam fazer compras nos Estados Unidos. A seguir, podemos ver uma imagem dessa ação.

Notícias de América, de Paulo Nazareth, (2011-2012).

Notícias de América, de Paulo Nazareth, (2011-2012).

Banana Market/Art Market, de Paulo Nazareth, 2011.

Clareira

As andanças de Paulo Nazareth

Nascido em Governador Valadares (MG), já foi guardador de carros, cobrador de ônibus, padeiro, pintor de letreiros e feirante. Boa parte de seu trabalho de arte é apresentado em forma de registros escritos e fotográficos das ações que realiza. É considerado um artista performativo, ou seja, que realiza *performances*, embora também, produza em outros formatos. Ao realizar suas "andanças", questiona os limites de uma ação performática, uma vez que toda experiência vivida em seus percursos pode ser vista como uma grande *performance* de longa duração.

- Com base nas informações discutidas até aqui, como você interpreta o trabalho desse artista?

Notícias de América, de Paulo Nazareth, (2011-2012). Em mais um dos registros da obra *Notícias de América*, o artista segura um cartaz no qual se lê, em português: "Nós temos direito a esta paisagem".

ANDANÇA
Em cartaz: o senso crítico

Nesta prática, vamos realizar uma ação simples e direta de intervenção artística em uma situação cotidiana próxima. Vamos usar o mesmo procedimento com o qual Paulo Nazareth realizou algumas de suas ações enquanto viajava: a criação e exibição de cartazes críticos. Procure agir em grupos de três ou quatro pessoas e, se possível, faça registros das ações. A ideia é bastante simples.

Preparação

1. Converse com seu grupo sobre temas que precisam ser refletidos pelas pessoas da turma ou mesmo pela comunidade escolar. Pode ser um tema polêmico, que envolva divergência de opiniões. Juntos, os integrantes de cada grupo devem escolher seu posicionamento diante do tema e criar frases ou perguntas que possam oferecer um olhar crítico à situação debatida.
2. Confeccione, em grupo, os cartazes em papel A4 ou cartolinas. Escolham um local ou situação rotineira que possa ter algum tipo de conexão com o tema escolhido. Organizem-se, marquem data e horário para a intervenção.

Execução

De acordo com o combinado, marque um dia e horário para que todos possam exibir suas frases ou perguntas, juntos ou alternadamente. Posicione-se em um local de boa visibilidade, saque seu cartaz e aguarde as interações que podem ou não acontecer.

AMPLIAR
Histórias dentro da história do Brasil

A animação de Luiz Bolognesi, *Uma história de amor e de fúria* (2013), foi premiada em diversos países. O roteiro de ficção conta uma história de amor em que os personagens principais se encontram em diferentes épocas, participando de três episódios importantes da história do Brasil: as batalhas entre indígenas e europeus na época da colonização (1560), a revolta da Balaiada no Maranhão (1838-1841) e os movimentos de resistência à ditadura militar (1964-1985).

Tudo tem início em 1560, quando um guerreiro tupinambá descobre que é imortal, predestinado a proteger a memória de seu povo. Apaixonado por Janaína, ele atravessa os séculos, sempre esperando sua amada renascer. A trajetória dos personagens principais se mistura a fatos ocorridos em movimentos sociais históricos, marcantes para o Brasil. A última parte do roteiro se passa no Rio de Janeiro no ano de 2096, em um futuro em que o mundo atravessa uma crise de acesso à água, agravando os contrastes sociais. As vozes dos personagens principais são interpretadas pelos atores Camila Pitanga e Selton Mello.

A animação nos convida a olhar episódios pouco debatidos e até mesmo esquecidos de nosso passado, apresentando-nos a personagens que lutam por causas coletivas. Mais uma vez, estamos diante de um trabalho de arte que busca provocar reflexões sobre o tempo em que vivemos por meio de um olhar para o passado. Afinal, como diz o personagem na voz de Selton Mello: "Viver sem conhecer o passado é andar no escuro".

- Você já experimentou realizar uma criação artística que se relacionasse com a sua história pessoal? Ou com a história de seus antepassados? Ou mesmo sobre fatos ocorridos ou pessoas que passaram pela sua região em outras épocas? Como imagina que seria essa experiência?

Cenas da animação *Uma história de amor e de fúria*, de Luiz Bolognesi, 2013. Em 1560, os protagonistas são dois tupinambás na época da colonização portuguesa, no local onde seria a futura cidade do Rio de Janeiro.

Cena da animação *Uma história de amor e de fúria*, de Luiz Bolognesi, 2013. No século XIX, no Maranhão, as principais batalhas da Balaiada (1838-1841) aconteceram na cidade de Caxias.

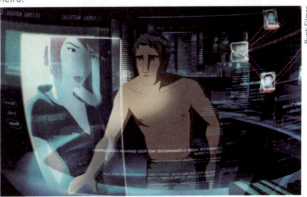

Cena da animação *Uma história de amor e de fúria*, de Luiz Bolognesi, 2013. Em 2096, em um futuro imaginado, o acesso à água é difícil.

Chegada

Um lugar habitado por todos

Agora vamos criar, coletivamente, em um local escolhido com o professor, um espaço simbólico, um ambiente ou instalação carregada de referências sobre assuntos, memórias, histórias que se relacionam com o coletivo formado por você e seus colegas. Essa prática lúdica deverá envolver a turma toda, sob a orientação do professor. O resultado será uma instalação ou *site specific*, que vai poder ser visitado por toda comunidade escolar, cujo tema é *Um lugar habitado por todos!*

Preparação

1. **Escolher e reconhecer o espaço:** é fundamental que o espaço destinado à instalação esteja totalmente disponível para a prática criativa, pois isso determinará quanto tempo o grupo terá para a montagem e desmontagem da obra coletiva. É importante que, após a montagem, seja possível promover a visita de alunos de outras turmas, professores e funcionários da escola, para entrarem em contato e darem suas impressões a respeito da instalação. Assim que o espaço estiver escolhido, pode-se fazer um reconhecimento deste, examinando como é possível explorá-lo da maneira mais interessante, de acordo com a opinião do grupo.
2. **Reconhecer os suportes possíveis:** as características do espaço escolhido vão determinar de que modo é possível interferir nele. Para isso, vale pensar em algumas questões:

- É possível pendurar, grudar, pregar objetos nas suas paredes? Seria possível pintá-las ou revesti-las com tecido, papel?
- É possível alterar sua iluminação, bloqueando a luz que entra pela janela ou porta? É possível adicionar algum tipo de luz?

Com base nessa coleta de dados, verifique que materiais são acessíveis (na escola ou em casa) para a criação de um ambiente, ou seja, que materiais servirão de base para outros objetos, a serem escolhidos na etapa de criação.

Criação

1. **Listar o material expressivo:** pense em um ambiente que possa ser representativo do grupo.

- Quais cores, formas, palavras, frases e objetos ele poderia abrigar?
- Como seria possível ocupar um espaço com elementos visuais, ideias (expressas em palavras) e objetos que pudessem reunir memórias e histórias de todos os seus colegas?

Essa é a ideia que desenvolveremos com a instalação *Um lugar habitado por todos!* Agora é o momento de conversar, trocar ideias e memórias com as pessoas da sua turma, com a mediação do professor. Juntos, vocês devem se lembrar de acontecimentos, comemorações, brincadeiras.

- Quais palavras, desenhos, gestos, objetos poderiam ser significativos para expressar as lembranças que o grupo partilha?

2. **Criar o acervo de referências:** agora é o momento de listar e organizar o material que surgiu das conversas, respondendo ao seguinte critério: Isso pode representar diversas pessoas do grupo? Ou apenas uma? Nenhum elemento da instalação pode se referir a apenas um integrante do grupo. Cada elemento a ser usado deve representar a memória de pelo menos três pessoas da turma.

3. **Escolher:** é o momento em que todos os materiais de suporte e o acervo de referências serão reunidos para que a turma elabore sua "ocupação". A aparência do local vai se relacionar com a diversidade de referências. É importante que as escolhas sejam feitas em acordo entre todos. Ao fim desse processo, segue-se sua realização.

Montagem

Após as escolhas feitas, dividem-se as funções e todos partem para a montagem desse espaço, sempre com a mediação do professor. Em um processo como esse, que envolve muitos materiais e pessoas, é possível que alterações ou adaptações sejam necessárias ao longo da execução. A ideia é cooperar, construir junto, escutar a ideia do outro e encontrar soluções conjuntas. A única certeza é de que, ao final dessa ação coletiva, será possível convidar as pessoas da comunidade escolar para conhecerem *Um Lugar habitado por todos!*

Neste capítulo, estudamos artistas que nos conectam com aspectos de nossas tradições mais antigas, produzindo arte como forma de resistência, afirmando a importância de uma arte autêntica e brasileira. Na busca por exaltar sua identidade ou denunciar situações adversas vividas por determinados agrupamentos humanos brasileiros, esses criadores se aprofundam em suas raízes e descobrem formas e temas para sua arte. Nos trajetos desta unidade, passamos por muitos lugares que nos provocaram reflexões e aprendizados. Pensando em todos esses exemplos, responda:

- Tomamos contato com diferentes universos visuais nos dois capítulos. Com qual dessas visualidades você sente maior proximidade? Por quê?

- Que características você reconhece na sua maneira de criar uma composição em um espaço?

- Tomando por base exemplos e práticas vistos nesta unidade, você considera que conseguiu encontrar novos pontos de vista sobre o local onde mora e vive?

- Você consegue detectar e se recordar das informações visuais que comunicam significados presentes nos lugares que você frequenta, passa ou mora?

- Quais são as marcas e os vestígios que demarcam sua passagem ou sua utilização de um espaço ou objeto? Explique.

- Como é sua maneira de interagir com as pessoas quando realiza um trabalho em conjunto com um grupo?

- Como a diversidade de modos de pensar e entender o mundo pode alimentar nossa capacidade de criar?

UNIDADE 2
TEATRO

Cena do espetáculo *Teatro playback*, com a Companhia Dionisos Teatro. Joinville (SC), 2012.

Partida

Observe com atenção as imagens.

1 Quais elementos da linguagem teatral você reconhece nelas?

O teatro, por ser a arte do encontro, pode acontecer em lugares muito diferentes. Salas construídas para isso, como vemos na primeira foto – com palco e plateia bem definidos –, são apenas uma possibilidade, mas pode acontecer também em uma praça, na rua ou em qualquer outro espaço público onde o espaço da cena e o lugar do público se definem de diversas maneiras.

Na primeira foto, temos o palco e a plateia, alguns elementos de cenografia e de iluminação e atores em cena. Na segunda foto, além dos elementos já citados, os personagens estão mais evidenciados, relacionam-se entre si. Na primeira foto, a plateia está iluminada, o que pode indicar um tipo de espetáculo com o qual ela interage, o que não parece acontecer na situação da segunda foto, com a plateia no escuro.

Espaço e tempo para estar junto

Atores Marcos Guian e Danilo Ferreira em cena do espetáculo *O Jornal The Rolling Stone*. Rio de Janeiro (RJ), 2017.

Nesta unidade, vamos falar um pouco sobre teatro do ponto de vista dos espaços onde ele acontece. Vamos perceber que, apesar de palco e plateia serem elementos básicos para que um espetáculo teatral aconteça, essa configuração e a relação entre eles pode acontecer de muitas maneiras.

O público pode ficar mais perto ou mais longe; atrizes, atores e público misturados; enfim, tudo depende de uma série de escolhas que a companhia faz. Sabemos que o objetivo é conseguir contar uma história ou, às vezes, como veremos, pode ser também criar sensações e estímulos para a plateia no tempo que passarão juntos.

CAPÍTULO 1

O espaço da cena

Observe a organização dos elementos teatrais nas duas imagens.

- Como é o figurino? E o cenário? É possível reconhecer os personagens?

Cena do espetáculo *Ignorância*, do grupo Quatroloscinco. Teatro do Comum, Belo Horizonte (MG), 2015. O grupo utiliza trinta cadeiras para formar o cenário.

A relação com o público é um dado importante. Quando vamos fazer uma cena, uma peça, só fazemos teatro porque alguém vai assistir, vai ver o que fazemos em cena. A palavra "teatro" é derivada da palavra *theatron*, que, em grego, significa "o lugar de onde se vê", isto é, a plateia. Ao longo dos anos, a palavra "teatro" teve seu significado ampliado: passou a designar não apenas o edifício teatral como um todo, mas também a expressão artística, a arte do teatro.

Seja uma linguagem, seja um lugar, o teatro é um espaço de relação entre as pessoas, suas histórias, seus pontos de vista.

Com esses exemplos e outros que veremos mais adiante, podemos pensar e ampliar nossa visão a respeito do espaço que acolhe uma apresentação teatral. As possibilidades são muitas e saber escolher o ponto de vista da plateia pode fazer a diferença em um espetáculo.

Cena do espetáculo *Vizinhos*, o Grupo Z de Teatro. Vila Velha (ES), 2015.

CAMINHOS

Teatro: espaço de encontros

O teatro é a arte do estar e do fazer juntos. Alguém, ou um grupo de pessoas, conta uma história para outro grupo de pessoas: o público. Tudo se passa ao vivo, e, durante o tempo em que essas pessoas ficam juntas, o teatro acontece. Na maioria das peças, a encenação se desenvolve a partir dos personagens, representados por atores em cena. O modo como eles interagem entre si e com os demais elementos da cena é chamado de jogo cênico.

O jogo cênico leva em conta: a relação entre personagens, o cenário, o figurino, os adereços, a iluminação, a sonoplastia, a dramaturgia, a história a ser contada e a plateia.

Nas fotos que abrem este capítulo, podemos perceber tipos diferentes de jogo cênico.

As duas peças parecem ter optado por uma encenação que coloca o foco no trabalho dos atores em cena: não há cenários construídos, os figurinos são roupas comuns, em cores neutras, parecidas com as que usamos no dia a dia.

Mas e os espaços? No primeiro caso, além do jogo entre o ator e a atriz, temos um jogo com os objetos que compõem a cenografia da peça: trinta cadeiras de madeira. Com esse material, o grupo consegue criar e recriar diversos ambientes, utilizando o mobiliário de maneiras diferentes a cada cena.

Já no segundo caso, o elenco composto é por três atrizes e três atores, que se revezam nos papéis de dois vizinhos e vão contando um pouco sobre a relação entre eles. Para isso, o grupo utiliza um espaço vazio, apenas uma marcação no chão delimita o espaço de jogo. Repare que, no momento da peça retratado na foto, dois atores e uma atriz estão dentro desse espaço e os outros aguardam, assistem à cena do lado de fora do retângulo no chão.

Isso revela uma das regras de jogo desse espetáculo, ou seja, quem aparece dentro do retângulo está agindo, contando um momento da história, relacionando-se com o parceiro ou a parceira de cena e com o público; e quem está fora do retângulo, embora também esteja em cena, permanece de forma mais neutra, sem tirar o foco da ação principal que acontece dentro da área de jogo.

Outro elemento de jogo que se evidencia nesse espetáculo é a relação com a plateia.

Observe novamente a cena do espetáculo *Vizinhos*.

- Como você acha que o posicionamento da plateia, nesse caso, relaciona-se com o nome do espetáculo?

Ao colocar em cena a relação entre dois vizinhos, o grupo opta por dividir a plateia em duas, uma de frente para a outra. Dessa forma, o jogo que acontece em cena se reflete na plateia, que pode ver as pessoas do outro lado, como se fossem vizinhos e vizinhas.

ANDANÇA

Teatro playback

Na primeira foto de abertura desta unidade, temos uma cena do espetáculo *Teatro playback*. Observe novamente a imagem. Repare que, no palco, no canto esquerdo, duas pessoas estão sentadas sob um foco redondo de luz. São duas pessoas da plateia que subiram ao palco para contar histórias pessoais que estão sendo representadas pelos atores que usam blocos e estão no outro foco de luz, na parte central do palco.

Assim é o *Teatro playback*. Em cada apresentação, antes de o espetáculo começar, o grupo conversa com a plateia. Quem se sente à vontade sobe ao palco para contar um episódio de sua vida. A seguir, os atores conversam entre si e decidem como irão encenar essa história que alguém do público compartilhou. Quando tudo está combinado, a ação começa.

Vamos nos inspirar nessa ideia e experimentá-la na prática?

1. A princípio, todos fazem parte do público.
2. Quem quiser ter uma história sua transformada em cena deve manifestar esse desejo e se colocar em um canto do espaço reservado para a cena.
3. Essa pessoa conta, então, sua história. Depois que estiver claro quantos personagens a compõem, quem contou a história escolhe quem deve interpretar cada um dos personagens.
4. O grupo de atores que vai representar combina o roteiro da história e como ele será colocado em cena.
5. Tem início a ação.
6. Ao final, todos podem conversar sobre como a história foi contada, quais foram os momentos mais divertidos e se houve trechos difíceis ou que não foram bem compreendidos.

TRILHA
Tipos de espaço

Um lugar para a cena, outro para a plateia. Quando falamos do edifício teatral, essa relação espacial pode se organizar de maneiras diferentes.

O teatro grego é um dos primeiros espaços construídos com a finalidade de receber representações trágicas e cômicas para o público reunido nas arquibancadas. Esse tipo de construção serviu e ainda serve de modelo para a construção dos edifícios teatrais em diversas épocas. Alguns nomes usados até hoje no trabalho teatral vêm dessa época. Observe a ilustração.

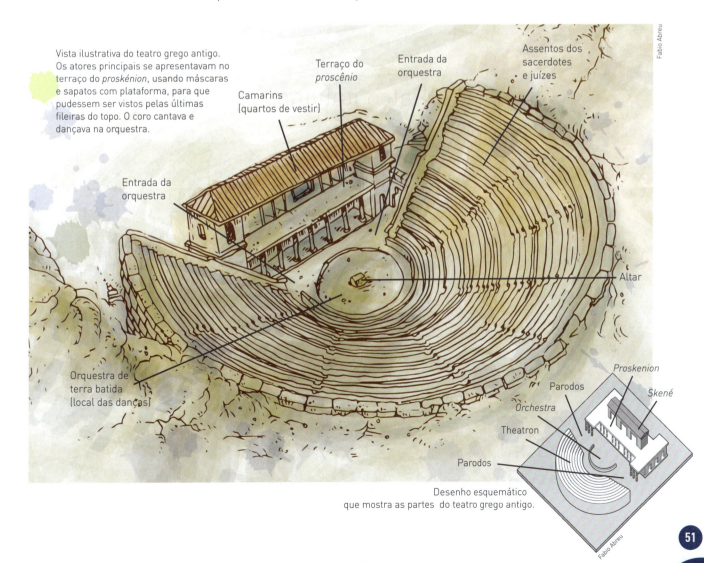

Vista ilustrativa do teatro grego antigo. Os atores principais se apresentavam no terraço do *proskénion*, usando máscaras e sapatos com plataforma, para que pudessem ser vistos pelas últimas fileiras do topo. O coro cantava e dançava na orquestra.

Desenho esquemático que mostra as partes do teatro grego antigo.

Repare que toda a parte dedicada ao público, isto é, a arquibancada, que hoje chamamos de plateia, recebia o nome de *theatron*. A palavra cena vem de *skené*, que correspondia ao lugar onde os atores trocavam de roupa e se preparavam para entrar em cena. Atualmente, esse lugar é o camarim. O *proskenion* deu origem à palavra *proscênio* e era um lugar na frente do palco, onde aconteciam algumas cenas. Essa parte ainda existe em teatros construídos hoje em dia. A *orchestra* era o espaço reservado para o coro. Os chamados parodos eram os locais de entrada da orquestra, como se vê no desenho esquemática e na vista ilustrativa. Na atualidade, uma orquestra é um conjunto de músicos que executam música juntos.

O palco italiano

A configuração mais tradicional para o evento teatral é chamada de palco italiano. Observe novamente a primeira foto que abre esta unidade. Ela é um exemplo desse tipo de espaço teatral.

Na Itália, durante o Renascimento (entre os séculos XIV e XVI), muitas mudanças aconteceram no campo das artes. Na pintura, surgiu a noção de perspectiva, a qual influenciou o fazer teatral. Vamos falar mais sobre essa perspectiva na seção **Conexões**, ao final deste capítulo. O palco passou a ser visto como a tela de um quadro e o melhor posicionamento para contemplá-lo era de frente para ele. Com essa configuração, foi possível ampliar a percepção da plateia com relação à da perspectiva e da profundidade, o que expandiu o jogo teatral e dinamizou as possibilidades cênicas.

- Observe as imagens a seguir. Você concorda que uma sala de aula possui essa mesma configuração? Quais outros locais que você frequenta ou conhece possuem essa mesma forma de organização espacial?

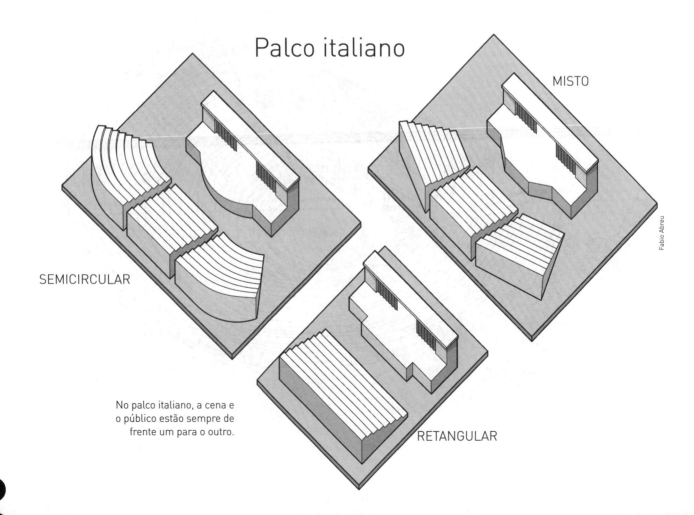

Palco italiano

SEMICIRCULAR

MISTO

RETANGULAR

No palco italiano, a cena e o público estão sempre de frente um para o outro.

Coordenadas

O Teatro de Dioniso

O Teatro de Dioniso era um dos principais teatros na Grécia Antiga. Construído em pedra, tinha capacidade para 17 mil pessoas e, segundo historiadores, possuía uma acústica perfeita. Recebeu esse nome em homenagem ao deus grego Dioniso. Existem algumas versões da sua história na mitologia grega que explicam por que ele se tornou o deus do teatro: nas festas dionisíacas, as pessoas cantavam e contavam trechos da história da vida de Dioniso. Pouco a pouco, passaram a representar essas histórias e assim teria surgido o teatro.

Construído no século V a.C., o Teatro de Dioniso foi o maior teatro grego na Antiguidade.

Observe novamente a imagem do Teatro de Dioniso, na Grécia, e imagine a arquibancada cheia de gente e uma única pessoa no centro do palco.

- Como você se sentiria se fosse fazer uma apresentação para uma plateia tão grande?

As representações – desenhos ou estátuas – de Dioniso, conhecido como "deus do vinho", trazem cachos de uvas em suas mãos e enfeitando sua cabeça.

ANDANÇA
Experimentando o palco italiano

Vamos fazer um jogo cênico de composição.

1. Com todos da turma em pé, definam um espaço para ser o palco e outro para a plateia, em uma relação de palco italiano.
2. Coloquem-se todos de frente para o local da cena.
3. Uma pessoa entra em cena, escolhe um lugar e se coloca de frente para o público. Todos observam o que mudou no espaço.
4. Outra pessoa entra em cena e escolhe um lugar para ficar, levando em conta a primeira pessoa que entrou e o público. Todos observam o que mudou no espaço.
5. Uma terceira pessoa entra em cena e escolhe um lugar para si, levando em conta quem já está em cena e o público. Todos observam o que mudou no espaço.
6. O jogo segue até que seis pessoas estejam em cena, sempre com um momento de pausa para observar como o espaço vai se transformando a cada pessoa que entra para compô-lo.
7. Quando as seis pessoas estiverem em cena, elas podem mudar de lugar, mas sem se esquecer de levar em conta a distância entre si e os demais colegas em cena e o olhar do público. Aqueles que estiverem em cena devem poder ver o público e o público deve conseguir visualizar todos em cena.
8. Depois de experimentarem algumas composições, todos os que estão em cena saem e o espaço fica vazio por um tempo, até que se reinicia o jogo com outras pessoas.

Como você pode imaginar, toda essa maquinaria teatral faz com que o teatro seja um lugar onde é possível criar e recriar mundos, aventuras no tempo e no espaço. Cada profissional da cena – iluminadores, cenógrafos, aderecistas, diretores – enfim, todos podem dar asas à imaginação e explorar esses elementos para encontrar sua maneira de contar histórias, um modo de criar imagens cênicas e produzir sensações na plateia.

Coordenadas

Caixa preta do teatro

O palco Italiano retangular, em forma de caixa aberta na parte anterior, situado ao fundo e em plano acima dos primeiros níveis da plateia é o mais conhecido e utilizado dos palcos modernos. A caixa preta, nome que se dá à estrutura do palco italiano, é composta pelos seguintes elementos:

- **Alçapão:** abertura no chão do palco para encenar efeitos de aparição e desaparição de atores ou objetos cênicos.
- **Bambolina:** pano estreito que tapa o teto do palco, ocultando os refletores.
- **Coxia:** espaços de serviço e circulação não visíveis ao público, localizados nos extremos laterais e de fundo do palco, destinado ao movimento de cenografia e ao acesso de atores.
- **Ciclorama:** cortina esticada, semelhante a uma tela, que se estende pelo fundo do palco com armação em forma de "U" aberto, nas cores branco, preto, cinza ou azul-claro.

- **Cortina de boca:** cortina que caracteristicamente se movimenta nos sentidos laterais, fechando ou abrindo nas mudanças de atos, encerramentos ou aberturas das sessões.
- **Espaço cênico:** espaço onde acontece a cena.
- **Fosso de orquestra:** espaço que abriga conjuntos de músicos, sem interferir na visão do público, por estar no plano inferior ao do nível do palco.
- **Rotunda:** pano de fundo do palco, que fica atrás ou como substituto do ciclorama.
- **Perna:** elemento que se caracteriza como limite lateral do palco. Tecido sem armação. O conjunto de pernas e bambolinas é parte da caixa preta.
- **Proscênio:** frente do palco ou antecena. Prolongamento no mesmo nível do palco projetado até o público. Pode ser adaptado a diversas formas e dimensões.
- **Vara de cenário ou de luz:** barra de metal ou madeira utilizada para dependurar elementos cenográficos, equipamentos de luz e vestimentas de palco.

- Você já tinha imaginado que um palco poderia ter tantos elementos? Algum desses elementos chamou mais sua atenção? Por quê?

Teatro Humberto Sinibaldi. São José do Rio Preto (SP), 2018. Exemplo de palco retangular, cuja estrutura é conhecida como caixa preta.

Observe a imagem a seguir.

Desenho esquemático que mostra a estrutura conhecida como caixa preta.

Elenco da ópera *A moreninha*, inspirada no romance de mesmo nome do escritor brasileiro Joaquim Manuel de Macedo (1820-1882). Carapicuíba (SP), 2013.

- O que mais chama sua atenção nessa cena? Por quê?

Essa cena é de uma ópera que conta as aventuras do casal de enamorados Augusto e Carolina, conhecida como a Moreninha.

Como se vê, doze atores-cantores estão no palco; outras 22 pessoas fazem parte da orquestra, que executa a música ao vivo. Observe como a orquestra fica em um espaço abaixo, entre o palco e a plateia. Essa disposição é uma herança do espaço teatral grego. Dois elementos característicos do palco italiano e menos presentes nos edifícios teatrais de hoje em dia são o fosso da orquestra e a cortina na boca de cena.

Uma ópera é um espetáculo no qual a cena e a música ao vivo funcionam em sintonia. É preciso ensaiar bastante para a criação e o desenvolvimento das cenas, das coreografias, dos cantos e das músicas. Muitos elementos estão em jogo. O maestro rege não apenas os músicos, mas também o conjunto de atores-cantores. Observe que ele fica de costas para a plateia. Nessa posição, consegue acompanhar e reger todos os artistas, no fosso e na cena.

Agora, repare um detalhe na imagem, quase no canto esquerdo. É possível ver um pedaço da cortina vermelha. Esse elemento teatral, muito comum nos palcos italianos, aparece e desaparece algumas vezes na história do teatro e possui algumas funções. Ela separa a cena do público, abrindo-se quando o espetáculo começa e fechando-se quando acaba. Em certos tipos de espetáculo, é aberta no início de cada ato e fechada ao seu final, marcando cada momento da peça. Também é um mecanismo que ajuda na troca de cenários e na contrarregragem de elementos. Sendo assim, uma peça pode continuar acontecendo com as cortinas fechadas; basta que a cena aconteça à sua frente, no proscênio.

Embora seu uso seja menos comum atualmente, podemos imaginar como uma cortina fechada, na boca de cena de um palco, desperta certa curiosidade: o que será que vamos ver quando ela se abrir? Como será o cenário da peça? Será que tem cenário? Como essa história vai ser contada? Será que tem história? Personagens? Enfim, muitas perguntas podem ser instigadas apenas pelo fato de as cortinas estarem fechadas.

As cortinas, portanto, por mais simples que possam parecer, tornam-se um elemento quase mágico. Se, por um lado, produzem uma barreira entre o público e a cena, são, por outro, um convite à imaginação, uma chave para a entrada em um mundo com seu próprio tempo e seu próprio espaço: a cena.

ANDANÇA
Criando um espaço cênico

Observe novamente a foto da ópera *A moreninha* e repare nos detalhes do cenário.

- Como você descreveria a cenografia?

A cena parece estar ambientada em uma espécie de sala da casa de um dos personagens. Por ser uma ópera em dois atos, isto é, em duas partes, com a cenografia diferente em cada uma delas.

- Como você imagina que seja o trabalho de um cenógrafo?

Vamos experimentar!

1. *O rapto das cebolinhas* é uma peça de teatro infantil da dramaturga brasileira Maria Clara Machado (1921-2001). A **sinopse** da peça diz:

Glossário

Sinopse: espécie de resumo da obra, com as principais informações sobre a história.

Cenário Único – O cenário representa a horta da Vovó Felícia. São vistos três pezinhos de planta. Girassóis. À frente da horta, uma cerca bem baixinha. Um espantalho. Uma árvore. Um banco na frente da árvore. Uma casa de cachorro no proscênio à direita.

2. Lembre-se de que o proscênio fica em frente ao palco. Agora, pense que você será o cenógrafo, responsável pelo espaço cênico desse espetáculo. Como imagina o cenário dessa peça, levando em conta a sinopse? Leia atentamente a sinopse e imagine, visualize o cenário que vai criar.
3. Em seguida, faça um esboço desenhando os elementos do cenário: a horta com três pezinhos de girassóis, uma cerca bem baixinha, um espantalho, uma árvore, um banco, uma casa de cachorro.
4. Agora vamos pensar em como esses elementos vão estar no espaço cênico, considerando que:
   - a peça será apresentada em palco italiano, ou seja, será vista sempre de frente pela plateia;
   - os elementos de cenografia devem ocupar o espaço de modo que não atrapalhem a movimentação dos atores.
5. Para pensar e imaginar essa disposição dos elementos no espaço, você pode fazer uma planta baixa. Sabe o que é uma planta baixa?

Observe a imagem a seguir.

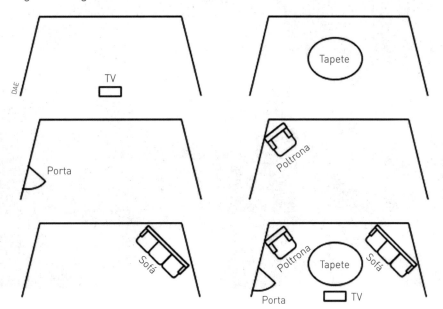

Neste exemplo de planta baixa de uma sala de estar, você pode perceber que foi criado um símbolo para cada mobília que compõe a cenografia: televisão, tapete, poltrona, sofá e a indicação de onde está a porta; além disso, a planta baixa mostra a disposição dessa mobília no espaço cênico.

A partir desse exemplo, crie um símbolo para os elementos da cenografia: horta com três pezinhos de girassóis, cerca bem baixinha, espantalho, árvore, banco, casa de cachorro.

Em seguida, faça o desenho do palco igual ao exemplo acima e, nele, construa a planta baixa, colocando os símbolos dos elementos nos lugares em que você imagina que devem ficar para não atrapalhar a movimentação dos atores.

Você pode testar a disposição dos elementos, desenhando com giz no chão do pátio da escola a planta baixa com os símbolos dos elementos cenográficos do tamanho que eles poderiam ser. Desse modo, pode circular por entre eles e testar as distâncias entre um e outro.

Após a finalização das plantas baixas, proponha uma conversa sobre os símbolos criados e o sentido da organização espacial dos elementos do cenário. Ao final, é possível organizar uma exposição dos projetos desenvolvidos pela turma.

Mirante

Teatro elisabetano

The Globe (O Globo, no sentido de mundo) é um edifício teatral construído na Inglaterra em 1599. Esse teatro era todo feito em madeira e precisou ser reconstruído em 1613 após um incêndio. Demolido em 1644, somente em 1997 foi finalmente reconstruído em um espaço que fica a cerca de 200 metros do local original.

Na imagem a seguir, temos uma foto da parte de dentro do The Globe.

A nova construção do prédio recebeu o nome de Shakespeare Globe Theatre, em homenagem ao dramaturgo inglês William Shakespeare. Londres, Inglaterra, 2016.

- Qual lugar você escolheria para ter a melhor visão de um espetáculo nesse teatro? Por quê?

Observe que, nesse teatro, existem duas maneiras de assistir a uma peça: em pé, no espaço mais próximo do palco e com os ingressos mais baratos, ou sentado, nas galerias distribuídas em três andares, onde, à época de sua inauguração, apenas os nobres e as classes mais ricas conseguiam pagar o valor da entrada.

Repare que, na parte onde o público fica em pé, não há cobertura, só nas galerias, no espaço cênico, que tem o proscênio alongado, e no fundo, em que há algumas aberturas. Esse tipo de espaço teatral, onde a acomodação do público se dá nos três lados do palco, é conhecido como palco elisabetano.

Foi no The Globe que William Shakespeare (1564-1616), poeta e dramaturgo inglês, encenou muitas de suas peças durante o reinado da rainha Elisabeth I. Os escritos, poemas e, principalmente, as peças desse dramaturgo influenciaram e continuam influenciando artistas de todas as áreas ao redor do mundo.

"Somos feitos da mesma matéria que nossos sonhos", escreveu Shakespeare em sua última peça, chamada *A tempestade*.

Autor de tragédias como *Romeu e Julieta*, *Macbeth* e *Hamlet* e também de comédias como *Sonhos de uma noite de verão* e *Muito barulho por nada*, tem seus textos encenados em todas as partes do mundo.

"Ser ou não ser, eis a questão" é uma das frases mais conhecidas na história do teatro e é o início de um dos monólogos ditos por Hamlet, o príncipe da Dinamarca, na peça de mesmo nome.

Como o público de suas peças era uma mistura de nobres e pessoas do povo, o teatro de Shakespeare tinha que se comunicar com todo mundo. Isso fez com que suas histórias misturassem tragédia, comédia e outros estilos. Além disso, seus personagens não eram somente bons ou maus, mas transitavam por muitos sentimentos e sensações, como o próprio ser humano. Tudo isso contribuiu para a riqueza do teatro shakespeariano.

William Shakespeare.

Na peça *Como você gosta*, o personagem Jaques diz o seguinte trecho:

O mundo inteiro é um palco
E todos os homens e mulheres não passam de meros atores
Eles entram e saem de cena
E cada um no seu tempo representa diversos papéis.

William Shakespeare. As you like it. In: *Comedies, Histories & Tragedies*. Londres, 1623. [Tradução nossa]

- Qual sua interpretação para essas palavras de Shakespeare expressas na fala de um de seus personagens?

Pense no sentido que elas fazem para você, que pode ser diferente do modo como seus colegas as percebem. Converse com os outros alunos e discutam as diferentes interpretações.

Shakespeare teve uma grande produção escrita, mas a história tem poucos registros sobre ele. Sabe-se que parte de seu trabalho se perdeu no tempo, em papéis que não foram conservados e nem reproduzidos para que conteúdo chegasse até os dias de hoje. Podemos pensar que as palavras acima, embora estejam na fala de um de seus personagens, mostram-nos um pouco da visão do próprio Shakespeare sobre a vida e sobre a arte. Uma interpretação possível é a de que todos os homens e mulheres, ou o mundo como um todo, servem de inspiração para o teatro.

Quando ele diz que o mundo inteiro é um palco, isso faz referência direta ao nome do teatro The Globe (O Globo), onde muitas de suas peças ganharam vida. Sendo assim, o próprio teatro já continha em seu nome um significado simbólico, de que o mundo inteiro poderia ser visto ali, sobre o palco.

- E você? O que acha desse modo de olhar a arte teatral?
- Que tal olhar o mundo como um grande espaço onde podemos fazer teatro em qualquer lugar?

TRILHA
O teatro de arena

Você se lembra da imagem das ruínas do Teatro de Dioniso? Observe-a novamente.

A disposição desse teatro, com a plateia em semicírculo, é um tipo de teatro de arena. Existem outras formas de disposição para esse tipo de teatro, como se observa na imagem a seguir.

Teatro de arena

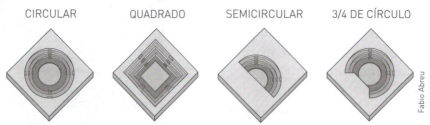

O teatro de arena pode ser encontrado em diversas disposições.

Como você pode notar, nesse tipo de espaço, o público se coloca em múltiplos pontos de observação em relação à cena, o que acaba por alterar o jogo cênico.

Quando vamos atuar em um espaço na disposição de arena, dependendo da maneira como ele se organiza, é preciso levar em conta que não existe apenas uma perspectiva com relação à qual tudo se organiza. O público que está de um lado da arena pode não ver muito bem uma cena que é feita mais para o outro lado.

Nessa configuração, os artistas estão quase sempre de costas para alguém da plateia, e isso não chega a ser exatamente um problema. Basta que a encenação encontre alternativas que contemplem essa disposição da plateia: pode-se escolher onde cada cena da peça acontece, de forma que cada uma delas ocorra de frente para uma parte do público. Repetir algumas cenas em diferentes lados do espaço cênico também é um recurso utilizado nesses casos.

Veja a imagem a seguir.

Espetáculo *Atrás dos olhos das meninas sérias*, da Companhia Pierrot Lunar. Belo Horizonte (MG), 2008. O universo feminino é o tema desse espetáculo.

- Como você acha que essa disposição da plateia pode modificar a movimentação dos atores em cena?

Como se trata de um espaço sem coxias, tudo está e é feito às vistas do espectador. Muitas vezes, isso se torna uma qualidade da encenação, um elemento da linguagem da peça, que aumenta a teatralidade do espetáculo.

Esse tipo de configuração é comum no teatro de rua, mas também é uma forma de organizar o público em teatros fechados, por meio do uso de arquibancadas, por exemplo.

A iluminação tem um papel importante nessa cena do espetáculo *Atrás dos olhos das meninas sérias*. Repare que, se ela acontecesse em um palco italiano, poucas pessoas conseguiriam ver o corpo todo da atriz deitada no chão. Nesse espetáculo, a ação de estar deitada e a total observação dela parecem ser importantes, por isso a luz ajuda a colocá-la em foco. Observe, ainda, que a plateia também recebe um pouco de luz e fica visível o tempo todo. Isso nos mostra que, apesar de cada um – o palco e o público – ter o seu lugar bem definido, ambos acabam fazendo parte da cena em função da unidade criada pela iluminação.

- Que tipo de jogo cênico você faria no espaço do espetáculo mostrado na imagem?

Nessa encenação, a companhia optou por deixar o público bem perto do palco, como forma de convidá-lo a participar, em alguns momentos, da cena. O espetáculo conta, por meio de fragmentos, a história de uma mulher que conquistou seu espaço de expressão. Assim, é criada uma relação com todas as pessoas na plateia: os homens são colocados no papel do ex-marido da protagonista, e as mulheres são convidadas a assumirem o papel de amigas e confidentes da personagem.

O jogo cênico se encaixa nessa configuração espacial. Todos podem ver e serem vistos, participando ou não da cena, o que contribui, inclusive, para fomentar os assuntos relacionados ao universo feminino levantados pelo espetáculo.

ANDANÇA

Compondo em arena

Vamos experimentar agora um exercício de composição em arena.

1. Coloquem-se todos de pé em círculo, imaginando um espaço igual ao do teatro de arena.
2. Da mesma forma como fizemos na seção **Andança – Experimentando o palco italiano**, uma pessoa de cada vez vai entrar em cena, até que se tenha três pessoas no espaço cênico.
3. Quem está em cena deve trocar de lugar algumas vezes, colocando-se em outros lugares do espaço, sem perder de vista o público ao redor.
4. Depois de experimentar algumas composições, quem está em cena sai e o exercício recomeça com outras pessoas.

CONEXÕES

A perspectiva renascentista

- Você já olhou para uma situação do dia a dia que lhe provocou admiração, fazendo que se sentisse espectador dessa cena, como se um fato, acontecendo diante dos seus olhos, pudesse ser parte de um espetáculo ou de um filme? Tente se lembrar.

Em momentos como esses, provavelmente alguma característica estética da situação chamou sua atenção, mesmo que você não tenha refletido sobre isso. Pode ter sido o "cenário" onde ela ocorreu, os "personagens" envolvidos, o modo como interagiam ou os gestos que se assemelhavam à atuação de artistas. É como se você reconhecesse nessa "cena" alguma qualidade expressiva que a tornasse marcante, diferente das outras situações da vida. Como diz o ditado: "Será que a vida imita a arte ou a arte é que imita a vida?". Converse com o professor sobre a teatralidade que se pode reconhecer na vida.

Você lembra que o palco italiano proporciona um modo de olhar para a cena teatral como se ela fosse uma pintura? Vamos falar um pouco sobre isso. A imagem a seguir mostra *A última ceia*, de Leonardo da Vinci (1452-1519). Nela, é possível perceber com clareza como funciona o conceito de perspectiva na pintura – um modo de representar a profundidade do espaço numa imagem, que é bidimensional.

Leonardo da Vinci. *A última ceia*, 1495-1498. Têmpera em gesso, 460 cm × 880 cm.

- Observando atentamente a cena construída por Leonardo, os personagens e o lugar que ocupam, quais elementos você reconhece?

Você reparou que, embora a mesa seja grande, todas as pessoas estão posicionadas em apenas um dos lados dela? A figura principal (o protagonista) está bem no centro da cena. Repare nos gestos de cada figura: são bem definidos e cada indivíduo tem o próprio modo de se expressar. Outro detalhe: todos estão posicionados de modo que podemos ver a fisionomia de cada um. Apenas uma expressão fica oculta, a do apóstolo que derruba o sal, à esquerda da figura central, que representa Judas Iscariotes.

Os componentes da cena estão dispostos para serem vistos de frente, e seus gestos e posições são direcionados para a figura central, levando nosso olhar para o foco da cena. Todas essas estratégias de composição visual dialogam com uma composição teatral. No palco italiano, os atores agem no palco, quando desejam dar foco para um personagem, e voltam seus olhares e movimentos para ele.

Agora, vamos retomar a ideia da perspectiva. Observe o esquema abaixo.

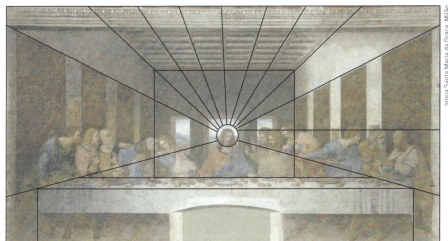

Desenho esquemático que mostra *A última ceia* sob perspectiva.

Glossário

Afresco: técnica de pintura realizada em paredes, geralmente preparada, com algum revestimento antes de receber a tinta.

Veja quantas linhas retas estão presentes na estrutura do quadro, nos componentes que representam a arquitetura do lugar. Ao olhar para esse **afresco**, não vemos as linhas inteiras, apenas partes delas. Isso já é suficiente para conduzir nosso olhar e criar um efeito visual que aponta para a figura central. De acordo com as regras da perspectiva, todas as linhas devem apontar para um ponto – o ponto de fuga – para criar a sensação visual de profundidade. No caso desse trabalho, o ponto de fuga está situado onde se localiza o olho direito de Jesus, sendo assim, as linhas retas apontam para sua figura.

 Coordenadas

O Renascimento

Chamamos de Renascimento o período em que se desenvolveu, inicialmente na Itália, um movimento político e cultural responsável por mudanças radicais no modo de pensar e produzir arte e ciência na Europa entre os séculos XIV e XVII. Sua visão de mundo racional se opunha à visão religiosa dominante, valorizava o ser humano e a natureza e acabou promovendo diversos avanços em todas as áreas do conhecimento: desde a Matemática e a Geometria, passando pela Arquitetura, Física, Política, Economia, Filosofia (ciência do pensamento) até, claro, a Arte. Até hoje, as contribuições desse período influenciam nosso modo de organizar a vida em sociedade.

 Clareira

Leonardo da Vinci: talentos múltiplos

Leonardo da Vinci (1452-1519) foi pintor, arquiteto, inventor e matemático, desempenhando muitas outras atividades artísticas e científicas. Por ser considerado um homem de grande inteligência e sensibilidade, ganhou enorme reconhecimento. Por meio de seus esboços e anotações, sabemos que ele passou a vida inteira estudando de modo incessante e fez inúmeros exercícios de desenho e pintura antes de se tornar conhecido como um mestre da pintura.

CAPÍTULO 2

A cena no espaço

Cenário do espetáculo mexicano *Asalto al agua transparente*, do grupo Lagartijas Tiradas al Sol. Noisiel, França, 2011.

Sua Incelença, Ricardo III, do grupo Clowns de Shakespeare. Natal (RN), 2012.

Observe com atenção as imagens.

- Quais materiais usados para a composição dos cenários você consegue detectar?
- Quais deles podem ser facilmente encontrados na sua escola ou na sua casa?

Repare como esses materiais podem criar ambientes propícios para a cena, agregando significados a ela, junto dos outros elementos – atores, figurinos, luz etc.

Como um edifício, uma construção, o teatro é um espaço físico de encontro. Como uma forma de arte, o teatro é capaz de gerar encontros em qualquer lugar. Esses encontros são oportunidades de convivência, de estar junto com outras pessoas, de refletir, por meio da arte do teatro, a respeito da realidade da comunidade ali reunida, de sua cidade, seu país, seu mundo.

Seja em um espaço fechado – como um palco italiano –, seja em um espaço público – uma praça ou na rua –, uma cenografia, por mais simples que seja, colabora para a composição do evento teatral.

CAMINHOS
Cenografias

- Quando acontece um evento na escola, uma festa, é comum que a instituição seja preparada, enfeitada para isso? E quando a festa acontece na sua casa? Nas celebrações na comunidade em que você vive, as pessoas colocam bandeirinhas coloridas ou bexigas, flores e outros enfeites?

Essa preparação, o modo como o espaço será organizado, é uma forma de cenografia.

Na primeira imagem deste capítulo, temos um cenário construído com materiais presentes no cotidiano.

- Como você descreveria esse cenário?

Observe que a disposição dos elementos indica que é um espetáculo em palco italiano. Nessa disposição, a relação entre perspectiva e profundidade leva em conta o olhar do público que vai assistir ao espetáculo sempre do ponto de vista frontal.

Nesse cenário, dois elementos da cenografia se destacam: jornais e caixotes de madeira.

- Que tipos de histórias você imagina poder contar num espaço com essa cenografia?

Na segunda imagem, a presença da madeira se repete, mas agora ela é usada de outra forma: compõe a construção de uma espécie de barraca alta e também de outros elementos da cenografia.

- O que lhe chama mais a atenção nessa imagem? Por quê?

Temos aqui *Ricardo III*, um texto de Shakespeare, levado à cena na versão espetáculo de rua pelo grupo Clowns de Shakespeare, do Rio Grande do Norte (RN). O grupo constrói seu espaço cênico com elementos simples.

- Qual é o formato desse espaço cênico?

- Como ele está delimitado?

- Onde você imagina que é o lugar do público para assistir a essa peça?

- Por que a cenografia, o espaço preparado para a cena, é importante?

Atores, representando personagens, contam uma história. E onde isso acontece? Responder a essa pergunta pode parecer simples, mas o fato é que a resposta dependerá do tipo de teatro, ou melhor, do tipo de espaço onde o teatro acontece.

As possibilidades com relação ao cenário de uma peça são múltiplas. Pode ser um cenário que **representa** um lugar ou um cenário que **apresenta** um lugar. Mais adiante, você vai compreender melhor essa diferença.

Observe a seguir outra imagem do espetáculo *Asalto al agua transparente*.

A atriz Luisa Pardo e o ator Gabino Rodríguez escreveram o texto, dirigiram e também estão em cena nesse espetáculo, utilizando de diferentes maneiras os elementos da cenografia.

Podemos perceber que, nessa cena do espetáculo, os elementos cenográficos – caixotes de madeira – são utilizados para criar outro espaço.

- Onde você imagina que os personagens estão e o que estão fazendo?

Ao colocar os caixotes formando um pequeno espaço fechado, a atriz e o ator criaram um local mais reservado, uma sala ou um quarto, onde podem conversar de forma mais próxima.

O grupo Lagartijas Tiradas al Sol se define como uma comunidade de artistas que, desde 2003, desenvolve projetos misturando arte e vida, como forma de discussão da realidade em que vivem. Nesse espetáculo, o grupo divide com o público um olhar sobre a situação hídrica dos lagos próximos

Cena do espetáculo *Asalto al agua transparente*, do grupo Lagartijas Tiradas al Sol. Noisiel, França, 2011.

à Cidade do México. Começando pela pergunta "como expor, por meio do teatro, nossa preocupação com um problema real?", criaram um espetáculo que não só apresenta, como também tenta dialogar com o público sobre a seca e o desaparecimento dos lagos na região, buscando as causas e as consequências disso.

Observe como o teatro, ao promover a reunião da comunidade em um espaço comum de troca, permite-nos olhar artisticamente e criticamente o mundo que nos cerca. Podemos utilizar o espaço da cena como um lugar de reflexão e debate. O ponto de partida pode ser uma história já escrita ou criada a partir de uma música, um poema, um trabalho de artes visuais e até de uma notícia de jornal. Tudo é material.

ANDANÇA
Reflexões através da cena

Agora é a vez de vocês refletirem sobre sua realidade por meio de uma cena.

1. Formem grupos de três pessoas.
2. Se fossem fazer uma cena sobre alguma questão de sua escola, de seu bairro ou da cidade onde moram, sobre o que seria?
3. Quais seriam os elementos cenográficos dessa cena? A proposta agora é trabalhar com materiais simples, como o jornal e as caixas usadas pelo grupo mexicano. Façam uma planta baixa do cenário.
4. Como vocês organizariam o espaço cênico? Não se esqueçam de pensar na posição do público e no que isso implica a relação dele com a cena. Incluam o lugar do público na planta baixa.
5. Compartilhem as plantas baixas com todos da classe, explicando qual é o assunto a ser debatido na cena, como é a cenografia e qual é a posição do público.

TRILHA
O texto e o espaço

Observe a imagem a seguir.

Cena de *Aldeotas*, de Gero Camilo. Passo fundo (RS), 2016.

- Quais elementos teatrais você identifica nessa cena?
- Observe que os atores realizam um movimento semelhante. O que você acha que esse movimento comunica?

Nesse espetáculo, o espaço cênico é composto apenas de um tapete branco e folhas de papel com o texto da peça, usadas pelos atores durante o espetáculo.

A história é sobre dois amigos que se encontram depois de muito tempo e recordam momentos que viveram juntos na infância até o dia em que um deles foi embora da cidade.

A iluminação é um elemento que auxilia na construção da atmosfera em cada cena da peça. A tela branca no alto é um recurso que ajuda a controlar a intensidade de luz.

A simplicidade da cenografia favorece o jogo cênico com a imaginação a partir das lembranças, nem sempre tão boas, da relação desses dois personagens.

Perceba o jogo entre dramaturgia e espaço cênico: por se tratar de um tema delicado como as memórias, a escolha da encenação foi deixar o espaço livre para que elas pudessem se materializar não apenas nas páginas do texto, como também, sem desviar nossa atenção com outras coisas, no contato com as próprias memórias.

Seja com um texto pronto e decorado, com partes de um texto, ou ainda com um texto que vai sendo criado durante os ensaios e mesmo em uma improvisação, a relação com o espaço cênico e seus elementos, em uma sala fechada ou no espaço público, influencia de maneira direta a experiência do público.

TRILHA
Telões pintados

Observe atentamente a imagem abaixo.

O mistério de Feiurinha, de Luiz Roberto Pinheiro. Goiânia (GO), 2011. Nesse musical infantil, painéis pintados ajudam a criar a cenografia.

- Nessa cena, em que lugar estão os personagens?
- O que você acha que eles estão fazendo?

Temos aqui um dos primeiros tipos de cenografia: um telão pintado no fundo do espaço cênico. Bastante utilizada no palco italiano, esse tipo de cenografia ajuda a situar onde a cena se passa e onde estão as personagens.

Repare que, além do telão pintado, que cria uma impressão de profundidade no espaço, existem alguns móveis nos quais os atores podem, de fato, sentar-se e interagir.

Experimente olhar para a foto imaginando como seria a cenografia sem o telão atrás. Seria possível dizer, com certeza, que a cena se passa em uma biblioteca?

Um ponto interessante a ser notado no uso de painéis pintados como esse é que, se uma peça se passa em três ou quatro lugares diferentes, torna-se possível usar um painel pintado para cada lugar e alterá-los de acordo com a cena, complementando a cenografia com móveis ou outros elementos, se necessário.

Outra possibilidade de utilização de telões no fundo do palco italiano é o uso de pinturas, e até mesmo vídeos, mais realistas – imagens feitas, muitas vezes, por artistas plásticos com uma riqueza de detalhes capaz de confundir o olhar do público.

Observe a imagem a seguir.

Cena da ópera *Cavalleria Rusticana*, do italiano Pietro Mascagni. Teatro Municipal em São Paulo, São Paulo (SP), 2014.

- Você consegue distinguir onde acaba o palco e começa o telão do cenário?

Repare que, utilizando elementos cenográficos e de iluminação, é possível criar a ilusão de profundidade, ampliando o espaço da caixa preta.

Os telões pintados são um recurso bastante utilizado não apenas no teatro como também em espetáculos de dança e na ópera. Muitas vezes, eles apresentam imagens irreais, ou seja, não representam um lugar concreto, real, mas criam possibilidades de leitura a partir de elementos abstratos, estimulando o público a interpretar o lugar onde se passa a cena, a dança ou a ópera, enquanto assiste ao espetáculo.

Cena da ópera *Cavalleria Rusticana*, do italiano Pietro Mascagni. Teatro Municipal em São Paulo, São Paulo (SP), 2014 (detalhe). União da tela com o palco. A tela permite a profundidade. As sombras das pessoas, produzidas pela iluminação traz a sensação de um horário com o sol inclinado. Juntos criam a ambientação.

TRILHA
Jogo cenográfico

Quando pensamos no espaço cênico, ou seja, onde a cena ou a peça vai acontecer, podemos levar em conta alguns fatores, como a relação com o público e o tipo de palco – italiano, arena, teatro de rua. O lugar de onde o público verá a cena ou a peça pode determinar que tipo de cenografia dialoga melhor com a experiência desejada com o espetáculo.

A cenografia pode **representar** um lugar, isto é, conter elementos e ser organizada de forma a dar uma leitura clara de onde a história se passa e de onde estão os personagens em determinada cena. Pode, ainda, organizar-se a partir de elementos simples, que, por meio de suas várias possibilidades de uso, tornam possível transformar o espaço, criando um jogo cênico vivo entre atores, cenário e plateia.

- Como você descreveria a cenografia das imagens abaixo?

Elenco e cenário de *A comédia latino-americana*, direção de Felipe Hirsch. São Paulo (SP), 2016.

Elenco e cenário de *A tragédia latino-americana*, direção de Felipe Hirsch. São Paulo (SP), 2016.

Com direção de Felipe Hirsch, *A comédia latino-americana* e *A tragédia latino-americana* são dois espetáculos cuja dramaturgia é formada por uma coleção de textos literários de autores de nosso continente. Dessa forma, o diretor e os atores em cena procuram entender, com o público, nossa realidade histórica e social.

Utilizando grandes placas de isopor, a cenografia proporciona uma variedade de jogos cênicos que, por meio da manipulação dos próprios artistas em cena, vão criando imagens e gerando sensações com múltiplas possibilidades de leitura.

Na primeira imagem, as placas de isopor formam uma espécie de muro, deixando apenas o espaço do proscênio como área de atuação para o elenco.

- Quais sensações a imagem do elenco em frente ao muro geram para você?

Ao longo do espetáculo, o muro é derrubado pelos próprios atores. Começa, então, o jogo de composição com as placas, como podemos ver na segunda imagem.

Como em um grande quebra-cabeças, as placas de isopor e os diferentes textos de autores da América Latina vão se misturando, criando imagens e sensações, oferecendo ao público uma oportunidade de (re)descobrir, ampliar e refletir sobre a própria realidade.

Da mesma forma, ao criar um espetáculo mais focado em questões brasileiras, Hirsch manteve a parceria com a cenógrafa Daniela Thomas e o cenógrafo Felipe Tassara – que também foram responsáveis pela cenografia em *A tragédia latino-americana* e *A comédia latino-americana*. Juntos, eles chegaram a uma cenografia simples e com um forte apelo visual usando sacos de lixo pretos. Observe a imagem a seguir.

Selvageria, direção de Felipe Hirsch. São Paulo (SP), 2017. Esse espetáculo tem um cenário composto de centenas de sacos de lixo.

- Quais sensações a foto desse espetáculo causa em você? Por quê?

Nesse espetáculo, o ponto de partida foram documentos: textos escritos por viajantes europeus a respeito de negros e indígenas do Brasil durante os séculos XVI e XIX.

Muitas cenas, como a da fotografia, acontecem com os personagens no meio da pilha de sacos de lixo.

- Você imagina quais seriam e como seriam as possibilidades de movimentação dos atores nessas condições?

Como nos outros trabalhos, aliado à cenografia marcante, o texto ocupa um lugar de destaque nessa peça. Se a literatura inspirou o grupo nos outros espetáculos, agora documentos são a base para a encenação.

Se as placas de isopor podiam ser manipuladas pelo elenco e criar novos cenários a cada momento, aqui, a montanha de sacos de lixo – que tem cerca de sete metros de altura – vai aumentando durante os 220 minutos de peça: de tempos em tempos, um saco de lixo cai do teto do teatro e se junta à montanha.

Tudo isso pode causar uma certa limitação na movimentação dos atores, que se concentram, então, em dar uma atenção especial à palavra, à ação de dizer, de dar voz ao texto. O desafio é dizer esses textos não apenas para serem entendidos, mas para que possam criar imagens e despertar a imaginação e o senso crítico da plateia.

Clareira

Felipe Hirsch

Felipe Hirsch (1972-) é um diretor de teatro e de cinema brasileiro que trabalha com a Sutil Companhia de Teatro, de Curitiba. Desde 2013, está à frente do coletivo Ultralíricos e tem se dedicado a levar aos palcos espetáculos que convidam a uma reflexão sobre o Brasil e a América Latina.

ANDANÇA
América Latina

De carona na proposta do espetáculo *A comédia latino-americana*, vamos agora ampliar nosso olhar para o continente do qual fazemos parte.

1. Você conhece algum autor latino-americano?
2. Com o professor, vamos escolher um texto latino-americano para usar em uma leitura cênica. Vocês podem fazer a pesquisa juntos.
3. Definido o texto a ser lido, vamos pensar em maneiras de usar as mesas e cadeiras da sala de aula como elementos cenográficos para a composição de uma cenografia que pode se transformar durante a leitura do texto.
4. Criem e experimentem alguns jogos cênicos com o texto, as mesas e as cadeiras.

5. Não se esqueçam de pensar no lugar do público.
6. Ensaiem bastante e se divirtam fazendo essa cena. Se for possível, vocês podem apresentar a cena para outras turmas.

TRILHA
Bem-vindo à casa

Agora, vamos observar outras duas imagens. Elas são do espetáculo *Bienvenido a casa* (*Bem-vindo à casa*), da Companhia Pequeño Teatro de Morondanga, do Uruguai.

- Como você descreveria a cenografia de cada uma das imagens?
- Qual a relação entre as duas imagens? Como você imagina que esses dois espaços possam fazer parte da mesma peça?

Elenco e espaço cênico de *Bienvenido a casa* da Companhia Pequeño Teatro de Morondanga. Uruguai, 2013.

O espetáculo *Bienvenido a casa* oferece algumas pistas sobre como a relação espacial pode ser um elemento expressivo e oferecer uma experiência teatral fora do comum para a plateia.

As fotos que vemos aqui nos mostram, cada uma delas, a cenografia dos dois espaços onde a peça acontece, simultaneamente, para duas plateias diferentes. Além disso, a proposta é que o público vá ao teatro em dois dias diferentes, para poder ver a peça cada dia em um espaço.

Espaço cênico de *Bienvenido a casa* da Companhia Pequeño Teatro de Morondanga. Uruguai, 2013.

No primeiro dia, o público convive com o elenco em uma espécie de sala de estar de uma casa. Na primeira foto, podemos ver alguns móveis, cortina, uma porta ao fundo e uma janela ao lado esquerdo do cenário.

Essa ideia de convivência entre palco e cena é importante aqui, pois a encenação não coloca os atores em um universo fechado entre eles, mas, sim, joga com a presença do público, que, por estar em uma relação de palco italiano, recebe uma fala, um texto dito por um dos personagens de maneira direta, como se fizesse parte da história.

A convivência se estende e se intensifica quando, no segundo dia, o público que viu o espetáculo no primeiro espaço volta para vê-lo, literalmente, de outro ponto de vista: ocupando o segundo espaço, uma espécie de depósito ou porão da casa, com muitos elementos amontoados, como vemos na segunda foto.

A peça nos mostra, de maneira tragicômica, o universo do incrível Homem Elefante, história baseada em fatos reais de um homem que sofria de uma doença grave que deformou seu corpo e transformou sua aparência.

Ao criar dois espaços distintos para a peça, a encenação dialoga com um dos temas possíveis no universo do Homem Elefante, o de que as aparências podem enganar. Existe um lado mais comum, simbolizado pelo primeiro cenário, a sala, e outro lado menos habitual, simbolizado pelo porão. A experiência, completa, e desperta a reflexão quando o público é convidado a ver dois lados da mesma história.

Quando vamos ao teatro, fazemos isso como artistas ou como público, isto é, vamos para fazer teatro ou para assistir ao teatro. Assim, podemos dizer que conhecemos ou que experimentamos os dois lados da experiência teatral.

- Como você se sente em cada lado dessa situação, ou seja, como se sente quando assiste a uma peça ou cena e quando faz uma?

TRILHA
Teatro Oficina

Seguindo nosso passeio por experiências teatrais ligadas às questões do espaço cênico, chegamos agora ao Teatro Oficina, que fica no bairro do Bixiga, em São Paulo (SP).

- Observando a foto abaixo, qual lugar você escolheria para assistir a um espetáculo que acontecesse nesse espaço?

Projetado pela arquiteta Lina Bo Bardi (1914-1992) em 1991, esse prédio é uma espécie de corredor com três andares de andaimes destinados ao público, uma grande janela de vidro transparente em um dos lados e um jardim interno abaixo dela.

Pode parecer um desafio fazer uma peça de teatro em um lugar como esse, mas as encenações do diretor José Celso Martinez Corrêa e sua companhia de teatro Uzyna Uzona conseguem explorar cada canto dessa arquitetura.

Usando o corredor central como principal espaço cênico, mas sem deixar de aproveitar os andaimes, o janelão e inclusive uma parte do teto que se abre, a companhia já colocou em cena grandes textos da dramaturgia mundial.

Espaço interno do Teatro Oficina. São Paulo (SP).

Cena de *Sertões*. Teatro Oficina, Bixiga, São Paulo (SP). Essa peça, uma adaptação do livro de Euclides da Cunha (1866-1909), foi exibida em quatro partes, entre 2002 e 2004.

O *rei da vela*, do escritor brasileiro Oswald de Andrade (1890-1954), é um espetáculo marcante na história da companhia realizado em 1967 e montado novamente em 2018.

Outro marco na trajetória do Teatro Oficina foi a versão teatral de *Os sertões*, narrativa de Euclides da Cunha (1866-1909) sobre a Guerra de Canudos no sertão brasileiro. Foram necessários cinco espetáculos para contar toda a história do livro, criados ao longo de sete anos, totalizando 27 horas de espetáculo.

De maneira geral, as encenações da companhia possuem uma duração diferente do teatro mais convencional e chegam a quatro, cinco e até seis horas em cada espetáculo, uma maratona acompanhada por plateias lotadas e interessadas.

Há algum tempo, o Teatro Oficina enfrenta um projeto de intervenção no terreno que circunda o edifício para a construção de três torres de prédios ao redor do teatro, o que desconfigura o projeto arquitetônico original do lugar. Essa disputa aparece em cena de diversas maneiras e em muitos espetáculos da companhia. É uma forma de expor a questão para o público, gerar discussão e buscar apoio para a preservação desse espaço, que é patrimônio da história da arquitetura brasileira e do teatro brasileiro.

CONEXÕES
Dança-teatro

Pina Bausch (1940-2009) foi uma bailarina e coreógrafa alemã cujo trabalho é reconhecido mundialmente. Ela foi a diretora artística do Tanztheater Wuppertal, o qual, após sua morte, passou a se chamar Tanztheater Wuppertal Pina Bausch (em português, Dança-teatro Pina Bausch de Wuppertal). Vamos conhecer um pouco mais sobre o trabalho de Pina Bausch e sua companhia.

- Observando a imagem a seguir, o que lhe chama mais a atenção? Por quê?

Cena de *Café Müller*, da Companhia Tanztheater Wuppertal Pina Bausch. Berlim, Alemanha, 1999. Criado em 1978, esse espetáculo foi um marco na trajetória da companhia de Pina Bausch.

Café Müller é considerado um espetáculo que marca o início da chamada dança-teatro. Nesse tipo de espetáculo, as coreografias se constroem não apenas com músicas, solos e momentos em grupo, mas também com cenas mais teatrais, com o uso da palavra pelos bailarinos.

O espaço cênico é um elemento de destaque nesse espetáculo. O cenário representa o que seria o salão de um café, preenchido com cadeiras e mesas pretas de madeira, espalhadas de maneira aleatória.

Em silêncio, uma mulher entra nesse espaço. Aos poucos, fica claro que ela caminha de olhos fechados, e assim permanecerá durante todo o espetáculo. Aos poucos, outros personagens entram em cena.

Outra mulher entra e só então começa uma música. Essa segunda mulher, que também fica de olhos fechados, começa a dançar no meio das mesas e cadeiras. Rapidamente, aparece um homem que vai abrindo espaço para que ela possa dançar sem bater nas mesas e cadeiras espalhadas pelo espaço.

Assim, vai se desenhando o jogo cênico com o espaço, que, de certa forma, passa a ser quase um personagem: torna-se um lugar vivo, transformado o tempo todo pela ação de um dos bailarinos.

Outros personagens estão em cena, mas não existe uma relação definida entre eles. Pequenas cenas mais teatrais acontecem em alguns momentos do espetáculo e, às vezes, em diferentes lugares do espaço de forma simultânea.

A trilha sonora não está presente todo o tempo. Trechos de óperas são intercalados com momentos de silêncio, criando um jogo sonoro.

A soma de tudo isso forma um tipo de espetáculo fragmentado, cuja unidade se dá no espaço onde ele acontece, nesse caso, no salão de um café.

Essa fragmentação é uma característica da dança-teatro, muito explorada pela coreógrafa alemã.

Em *Café Muller*, ela mistura dança, teatro, ópera e até mesmo arquitetura, além das memórias, sensações e histórias trazidas pelos próprios bailarinos na elaboração da coreografia do espetáculo como um todo.

A relação entre arte e vida é uma constante no trabalho dessa diretora que desenvolveu uma série de espetáculos inspirados em lugares ao redor do mundo. Foi assim, por exemplo, com *Masurca Fogo* (1998), inspirado em Portugal; *Água* (2001), inspirado no Brasil; *Ten Chi* (em português, *Céu e terra*, 2004), inspirado no Japão; e *Bamboo Blues* (2007), inspirado na Índia.

Todos esses trabalhos são apresentados no formato de palco italiano e o desafio para a cenografia é traduzir, em imagens e elementos, um pouco do lugar que inspirou cada um deles.

Na foto abaixo, temos uma cena do espetáculo *Água*, que teve o Brasil como inspiração.

Cena de *Água*, da Companhia Tanztheater Wuppertal Pina Bausch. Festival Internacional de Edimburgo. Reino Unido, 2010.

Ao optar por um espaço em branco, a coreógrafa criou uma espécie de grande tela onde são projetados, em muitos momentos do espetáculo, vídeos de elementos brasileiros, como a riqueza das paisagens, de nossos rios, das cidades e de nosso povo. As imagens projetadas ocupam o espaço todo, do chão até o teto, criando uma atmosfera de sonho onde os bailarinos dançam e fazem cenas. Elas funcionam de maneira similar aos telões pintados que ficam no fundo do palco, mas, como são vídeos, possuem movimento e podem interagir dessa forma com a cena.

Jogando com diversos elementos cênicos, explorando-os de forma a criar novos significados na relação entre eles em cena, os espetáculos criados pela companhia de Pina Bausch se tornam uma experiência estimulante para quem os assiste, pois, em cada cena, cada coreografia, surgem múltiplas possibilidades de leitura.

- Observando a imagem do espetáculo *Água*, que foi inspirado no Brasil, como você descreveria essa cena?

Trajetória

Andrey Tamarozzi e Karina Yamamoto, do Grupo Xanarai, de Palmas (TO)

Você vai ler agora uma entrevista com Andrey Tamarozzi e Karina Yamamoto, do Grupo Xanarai, que surgiu do encontro entre alunos e professores do curso de Teatro da Universidade Federal do Tocantins.

Quem é
Andrey Tamarozzi

O que faz
Integrante do Grupo Xanarai, de Palmas (TO)

Cena do espetáculo *Trieiros*, do Grupo Xanarai. Palmas (TO), 2015.

Pergunta (P): Por que o grupo ganhou esse nome?
Andrey Tamarozzi: Em 2013, durante uma disciplina ministrada pela professora Karina Yamamoto, estudamos a obra do autor francês Antonin Artaud [1896-1948], e criamos um experimento cênico chamado *Xanarai* – que depois viria a ser o nome do grupo. A palavra "xanarai" não tem em si um significado, é uma expressão de consagração, uma espécie de bênção.

P: Quais as referências de teatro que vocês possuem onde produzem/vivem?
AT: Inicialmente, Artaud era uma figura que nos cativava para pensar a encenação. As referências são muito diversas, uma vez que a cidade de Palmas (TO), onde o grupo se formou, é povoada por pessoas das mais diversas origens do Brasil, pelo fato de o Tocantins ser um estado muito jovem. Mas, de maneira geral, há uma preocupação do grupo em relação à formação do ator, seu treinamento psicofísico, e também com a exploração de espaços não convencionais.
Karina Yamamoto: A cidade possui pouquíssimos grupos teatrais, todos bem jovens. Havia um grupo mais antigo chamado Chama Viva. Conhecemos seus integrantes, mas, como grupo, não existe mais. Outros grupos são: Lamira, Cia. 1.2 de Teatro, Agulhas Cenas de Dança e a companhia de circo Os Kaco. Creio que as referências dos alunos venham de sua formação na graduação e essa influência se dá, principalmente, em função da formação eclética que os professores possuem, vindos de diferentes universidades do país.

P: O que vocês percebem como identidade do teatro que vocês fazem?
AT: Na verdade, percebo uma busca por identidade. O grupo foi formado por pessoas que vieram de diversas partes do país (migrantes – característica dos moradores da cidade de Palmas). Como temática, sempre nos apoiamos na cultura e na geografia tocantinense. Sendo assim, creio que nossa identidade seja multicultural, multirracial e diversificada no gênero – o grupo abarca diversos gêneros.
KY: Identidade é sempre um processo. Creio que temos características identitárias, mas somos muito jovens como grupo para firmarmos uma identidade. Diria que uma característica marcante do grupo seja a busca por trabalhar com aquilo que temos, no lugar onde estamos e com as pessoas com quem estamos convivendo.

P: Como o teatro que vocês fazem interage com o local onde vivem?
AT: O grupo se propõe a utilizar espaços não convencionais, como rios, cachoeiras, regiões normalmente afastadas da vida urbanizada, o que inclusive foi o mote de criação do espetáculo *Trieiros*: o desejo de explorar a geografia em imagens cênicas.
KY: A temática do grupo está no local onde estamos. Estávamos em Palmas, nosso foco de trabalho era a cidade de Palmas. A construção cênica de *Trieiros* se estendeu para algumas cidades do estado do Tocantins, pois o grupo teve a possibilidade de fazer viagens de imersão para esses lugares, como o Jalapão, a Ilha do Bananal, as cidades de Lajeado e Pium.

P: Como surgiu a ideia de criar e montar *Trieiros*?
KY: Surgiu do desejo dos alunos de continuar o processo de experimentos que já fazíamos após o término da disciplina. Naquele momento, ela pesquisava possibilidades de transformar paisagens em cena. O projeto foi readequado para uma necessidade do grupo em incluir a cultura local – histórias que "ouvia do povo", principalmente nas viagens de imersão que depois foram feitas a algumas cidades.

P: O que o grupo desejava com esse trabalho? Como ele se relaciona com o público e como o público tem se relacionado com ele?
KY: A princípio, o grupo desejava apenas levar à cena as provocações que lhes eram feitas (parte do projeto de pesquisa), no entanto, a montagem e a produção em Palmas foram muito custosas, o que fez o grupo começar a refletir e a agir sobre a necessidade de existir "consumidores de teatro" na cidade. A criação da página numa rede social veio ao encontro disso. Muitas pessoas – desconhecidos – que foram assistir ao espetáculo acabaram entrando em contato com o grupo por meio da página e algumas, inclusive, pediram que o grupo as avisasse caso se apresentasse novamente. Foi assim que começamos a divulgar todos os espetáculos artísticos que sabíamos que estariam na cidade, e de alguma forma, relacionava-se com o grupo, ou seu trabalho.

Entrevista concedida especialmente para este livro em outubro de 2018.

Quem é
Karina Yamamoto

O que faz
Integrante do Grupo Xanarai, de Palmas (TO)

Como você pode perceber, o Grupo Xanarai surgiu do encontro entre alunos e professores do curso de teatro e foca seu interesse em questões do seu entorno: a cidade e o estado onde vivem seus integrantes.

- Você gostaria de formar um grupo de teatro com seus colegas?
- Como seria o nome desse grupo?
- Sobre que assuntos esse grupo falaria?

Converse com seus colegas. Vocês podem descobrir afinidades que servirão de base para a criação de experimentos cênicos e muitas descobertas.

AMPLIAR
Cortinas: os antigos panos de boca

O pano de boca, também chamado de cortina de boca, e atualmente apenas de cortina, é geralmente produzida em tecido e tem a finalidade de resguardar o palco. As cortinas se abrem e tem início o espetáculo. Elas se fecham no final do espetáculo e, também, nas mudanças de ato. Em alguns teatros, movimenta-se lateralmente por franzimento e, em outros, por mecanismo sobe-e-desce. Com o tempo, tornou-se hábito os panos de boca serem confeccionados em veludo vermelho.

Simbolicamente, a cortina separa o mundo real, o mundo do público, do mundo da ficção, das histórias, isto é, a cena. Quando as pessoas chegam a um teatro e existe uma cortina fechada, cria-se uma expectativa sobre a história a ser contada, como será o cenário etc. Por serem o primeiro contato do público com o palco, ficando fechadas até o início da peça, elas costumavam ter algum elemento que as diferenciasse das cortinas comuns.

Nos teatros clássicos, era comum os panos de boca serem encomendados para artistas plásticos que desenvolviam um tema. A prefeitura municipal do Rio de Janeiro encomendou ao artista brasileiro Eliseu Visconti a pintura do Pano de Boca do Teatro Municipal, fundado em 1909. O teatro, que está situado na Cinelândia, centro do Rio de Janeiro, precisou de um pano de boca com 12 metros de altura por 13 metros de largura, e o tema pintado foi *A influência das artes sobre a civilização*. Visconti alugou em Paris um ateliê com cerca de 5 metros de pé direito para executar o trabalho, que foi realizado em três partes. O pintor Hélios Seelinger foi seu assistente.

Outros teatros brasileiros possuem belos panos de boca. No Teatro Amazonas, construído no ciclo econômico da borracha, o pano de boca foi confeccionado em 1894 pelo artista brasileiro Crispim do Amaral e retrata o encontro dos rios Negro e Solimões.

Cartão de transferência da obra *A arte*, de Eliseu Visconti, para o pano de boca do Teatro Municipal do Rio de Janeiro (RJ).

Cartão de transferência da obra *A poesia*, de Eliseu Visconti, para o pano de boca do Teatro Municipal do Rio de Janeiro (RJ).

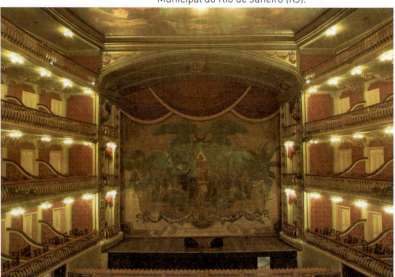

Palco do Teatro da Paz. Belém (PA), 2006.

Em Belém (PA), o Teatro da Paz, fundado em 1878, também durante o ciclo econômico da borracha, encomendou, em 1890, um pano de boca com o Alegoria da República. O Teatro da Paz foi inspirado no Teatro Scalla de Milão, Itália, importante teatro na época.

Construindo um espaço cênico

Esta unidade apresentou diversos aspectos do espaço teatral e de suas possibilidades cênicas por meio da organização de diferentes cenografias e da relação com o público.

Agora é hora de colocar as mãos à obra e materializar um espaço cenográfico em uma maquete. Vamos trabalhar em grupos de três pessoas.

1. Escolham um texto que servirá de ponto de partida para o projeto de vocês. Pode ser um texto teatral ou um conto, uma fábula, uma poesia, uma notícia de jornal, entre outros gêneros textuais.
2. Leiam esse texto algumas vezes. Conversem sobre as impressões que ele traz para cada pessoa do grupo.
3. Façam várias plantas baixas para chegarem à ideia comum de como será a cenografia que o grupo fará no formato de maquete.
4. Não se esqueçam de levar em conta o espaço do público. Que tipo de espaço será: palco italiano, arena, corredor ou outro formato?
5. Conversem sobre os tipos de materiais que serão usados, cores e tamanhos.
6. Construam a maquete coletivamente, com base na planta baixa.

A turma pode organizar uma exposição das maquetes, para que toda a escola veja o trabalho de vocês.

Chegou o momento de retomar alguns assuntos que tratamos nesta unidade. Algumas perguntas nos ajudarão com isso:

- Como você descreveria as formas tradicionais de espaço cênico?
- Para o público, há diferença em assistir espetáculos em um palco italiano ou em um teatro de arena?
- Qual espetáculo citado nesta unidade chamou mais sua atenção do ponto de vista da cenografia? Comente.
- O que você conheceu sobre cenografia que não sabia?

UNIDADE 3
DANÇA

Dançarinos de tango nas ruas do bairro de San Telmo em Buenos Aires, Argentina, 2009.

Partida

Observe as imagens das duas danças.
Imagine o movimento dos dançarinos.

1. Será que eles estão dançando em um ritmo acelerado ou lento?

2. Como se comporta o público que assiste?

Muitas danças acontecem em espaços abertos, como ruas, parques, galerias, praças, e muitos são os sentidos que podem ser criados entre o movimento e o espaço onde se dança. Os artistas que dançam nas ruas contam com uma plateia espontânea e interagem com todas as variáveis desse "cenário".

Para expandir a dança

Cia. Damas em Trânsito e os Bucaneiros/ Foto: Clarissa Lambert

Coreografia *Espaços invisíveis*, da Cia. Damas em Trânsito e os Bucaneiros, São Paulo (SP), 2014.

No Capítulo 1, veremos algumas coreografias criadas para serem apresentadas em locais abertos e vamos compreender como a dança se relaciona com esses espaços. São coreografias que nos convidam a perceber o próprio espaço da cidade de outro modo, talvez mais poético, com outras dinâmicas de ritmo, cor, formas.

No Capítulo 2, vamos entender como o tempo – outro elemento importante da linguagem da dança – apresenta-se em diferentes estilos: não só o tempo relacionado à duração de uma coreografia, mas como alguns estilos de dança propõem outras imagens de corpo, que se contrapõem à ideia de um corpo virtuoso como o das danças clássicas e modernas.

CAPÍTULO 1
Espaços da dança

Grupo de dança Conectivo Corpomancia realizando uma coreografia em diálogo com a vitrine de uma loja de roupas femininas em Rondonópolis (MT), 2017.

O grupo de dança Conectivo Corpomancia realiza coreografias em vários espaços da cidade de Rondonópolis (MT), 2017.

Observe as imagens.

- Qual relação os dançarinos criam com os lugares onde dançam?

Neste capítulo, vamos perceber como diferentes espaços (abertos e fechados) podem determinar a criação e a realização de uma coreografia. Existem danças que, desde sua origem, foram criadas para serem dançadas em espaços abertos. É o caso das tradições populares, como o frevo, o maracatu e o carimbó. Essas manifestações representam e celebram culturas e identidades do lugar onde acontecem.

Outras danças são criações de artistas ou grupos que têm a intenção de explorar espaços abertos, relacionando-se com determinada área, em uma composição que se mistura com os elementos presentes nesse local: a arquitetura, os diferentes tipos de calçamento, os monumentos e até mesmo as vitrines – como se vê nestas imagens.

CAMINHOS

Deslocamentos da dança no espaço urbano

Quando assistimos a um espetáculo que é apresentado em um espaço aberto – como a rua, a galeria ou a praça, temos a oportunidade de caminhar, acompanhando ao longo da apresentação, mudando nosso ponto de vista sobre a dança a que assistimos – como no caso das danças que aparecem nas duas imagens de abertura desta unidade. Tanto o tango na Rua de San Telmo quanto a coreografia contemporânea da Cia. Damas em Trânsito e os Bucaneiros podem ser vistos de diversos ângulos por uma mesma pessoa.

- Como assistir a um espetáculo de dança a partir de diferentes pontos de vista pode influenciar o público que percebe o espetáculo?
- Para quem dança, o que pode ser diferente quando sua apresentação acontece em um espaço que não é o palco, mas uma rua ou praça?
- O que pode acontecer quando um grupo que nunca dançou no palco tem a oportunidade de se apresentar em um grande teatro?

Observe novamente as imagens que abrem o Capítulo 1. As coreografias estão dialogando com o ambiente em que estão inseridas. Mais do que isso, interagem diretamente com a escultura e os manequins da vitrine que representam corpos humanos. A posição da escultura na primeira imagem é desconstruída pelos dançarinos em uma sequência que nos permite imaginar esse movimento feito pela própria escultura.

Ainda na abertura do capítulo, vemos três dançarinos à esquerda, inclinando levemente o corpo, reproduzindo a sinuosidade dos manequins da vitrine diante deles; à direita, vemos outros dois bailarinos levantando o braço direito, imitando também os manequins. A dança, nessas imagens, cria uma composição com a cidade, utilizando seus espaços como cenário, chamando nossa atenção para corpos estáticos (escultura e manequins) e nos sugerem movimentos, passando a ser vistos também como corpos dançantes.

Quando pulamos um buraco que encontramos na rua ou quando passamos a mão na grade de um portão, estamos interagindo com as formas que existem nos espaços por onde passamos diariamente.

Veja a imagem abaixo: observe os detalhes do grande teatro, imagine-se nesse palco.

Indígenas de diferentes etnias dançam antes do *show* de Djuena Tikuna no Teatro Amazonas. Manaus (AM), 2017.

- Como você acha que um espaço como esse pode interferir no modo como nos movimentamos?

Estar no palco de um grande teatro para dançar é uma oportunidade de tornar uma obra coreográfica visível para muitas pessoas. Alguns teatros no Brasil têm capacidade para receber plateias numerosas.

Clareira

O grupo Conectivo Corpomancia

A proposta do Conectivo Corpomancia, no trabalho *Residência*, foi ir para as ruas do centro de Cuiabá (MT) e explorar a dança em relação aos monumentos, prédios, calçadões e comércio da cidade.

Os dançarinos dessa companhia criavam em tempo real um jogo de cena com movimentos que incluíam as formas da paisagem urbana, tais como os bancos das praças e pontos de ônibus, acompanhando o ritmo da travessia dos pedestres, percebendo os sons das buzinas dos carros e o cheiro das coisas que encontravam. Algumas das pessoas que passavam acenavam para o grupo perguntando o que estavam fazendo, e eles respondiam que era movimento, dança de rua, vida entre vidas, entre as histórias da cidade.

- Você já interagiu com espaços do lugar onde mora por meio de movimentos?

Intervenção coreográfica do Conectivo Corpomancia em Cuiabá (MT), 2017.

Conectivo Corpomancia faz intervenções coreográficas em Cuiabá (MT), 2017.

Mirante

A dança e o canto indígena no *show* de Djuena Tikuna

Veja as imagens abaixo. Observe as cores e os grafismos indígenas presentes nas roupas da artista Djuena Tikuna e de outras artistas ao lado dela – referências à cultura indígena.

- O que você conhece sobre os povos indígenas?

Em agosto de 2017, grupos de dança das etnias sateré-mawé, tukano, desana e tikuna apresentaram-se no Teatro Amazonas, em Manaus. A dança aconteceu antes do *show* de lançamento do CD *Tchautchiüãne* (que, em português, significa "minha aldeia"), da cantora e compositora indígena Djuena Tikuna, que canta na língua do seu povo, tikuna – autodenominado magüta. No público, estavam presentes 823 pessoas, incluindo 300 indígenas convidados, de diversas etnias.

Djuena Tikuna em apresentação no Teatro Amazonas. Manaus (AM), 2017. A artista foi a primeira cantora e compositora indígena a fazer um *show* como protagonista nesse espaço.

Show de Djuena Tikuna, no Teatro Amazonas. Manaus (AM), 2017. Nesta imagem, à esquerda, Marlui Miranda se apresenta ao lado de Djuena Tikuna. Figurinos inspirados na identidade do povo tikuna.

Ao realizar o lançamento de seu CD no Teatro Amazonas, a cantora Djuena Tikuna, nascida em Umariaçu, na região do Alto Solimões (AM), comentou a importância do evento para ultrapassar o preconceito das pessoas não indígenas em relação ao seu povo.

Observe novamente a segunda imagem que abre esta unidade. A seguir, vemos mais um trecho da dança *Trajetória invisíveis*, da Cia. Damas em Trânsito e os Bucaneiros.

Analise atentamente.

Coreografia *Espaços invisíveis*, da Cia. de dança Damas em Trânsito e os Bucaneiros. São Paulo (SP), 2014.

- Você já pensou que, ao dançar, podemos "criar espaços" com os nossos movimentos?

A proposta dessa composição é trazer a ideia de que a dança é capaz de criar paisagens, ou seja, criar um modo de ver o lugar onde habitamos de um ponto de vista diferente. Durante a coreografia, o público pode escolher como chegar ao espaço da cena – a pé, de bicicleta ou sobre uma plataforma móvel: pranchas montadas com rodinhas que a equipe de produção do espetáculo manipula, deslocando o público para diferentes pontos do espaço onde a dança acontece.

Vamos descobrir como podemos expandir ou recolher nossos movimentos no espaço?

ANDANÇA
Expansão e recolhimento

1. Nesse exercício, você vai se deitar no chão.
2. Comece deitando-se de costas.
3. Inspire e expire enchendo e esvaziando os pulmões, lentamente.
4. Veja como existe um movimento de expansão e recolhimento quando você respira assim. As costelas e o peito, quando se enchem de ar, aumentam de volume. E, quando você expirar, soltando o ar, as costelas se recolhem.
5. Agora, imagine que você irá se transformar em uma estrela brilhante de cinco pontas. Assim, quando você inspira, vai esticar braços e pernas, mãos e pés, pescoço, ampliando o seu movimento no espaço.

6. Solte o ar na expiração e tente ocupar o menor espaço possível com o corpo, recolhendo as extremidades (mãos e pés) para bem próximo de seu peito e tronco. É como se você se transformasse em uma pedra, um tatu-bola ou um objeto redondo.
7. Repita esse movimento de expansão e recolhimento do corpo no espaço, passando algumas vezes da forma de estrela para a forma recolhida. Tente fazer isso com o movimento de inspiração e expiração do ar.

- O que você sentiu ao experimentar os movimentos de expansão e recolhimento?

- Qual a diferença entre o espaço que você ocupa em cada um desses movimentos?

O tatu-bola é um animal encontrado nas regiões secas do Brasil, como na caatinga ou no cerrado, e se recolhe para dentro de sua carapaça quando sente a aproximação do perigo.

Coordenadas

Respiração e movimento

De quantos modos diferentes você sabe respirar? Existem muitos modos de respirar, e muitos espaços internos do corpo por onde podemos perceber nossa respiração. Veja a imagem abaixo:

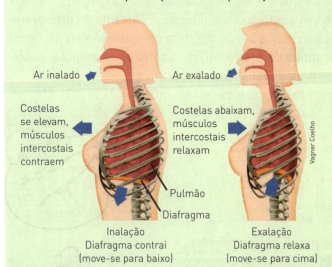

- Quais dessas partes do corpo você já conhecia?

Agora, enquanto lê este texto, você consegue perceber como está respirando?

Na dança, existe uma relação direta entre o movimento que realizamos e o modo como respiramos. Quanto mais temos consciência do modo como respiramos, menos esforço fazemos, o que significa que teremos mais energia para dançar.

Quando inalamos o ar para dentro dos pulmões, eles se expandem, crescem de volume. Na inalação, o diafragma – um músculo que forma uma espécie de "tapete" para nossos pulmões – se abaixa em direção à bacia, criando espaço para que os pulmões aumentem de volume.

Na expiração, quando o ar sai do corpo, o diafragma "sobe", acompanhando o movimento de recolhimento dos pulmões. Esse movimento de expansão e recolhimento acontece involuntariamente, mas, na medida em que prestamos atenção e praticamos a respiração em um ritmo mais lento, expandindo o espaço dentro de nossos pulmões, podemos modular seu ritmo e ampliar esses movimentos.

TRILHA
Dança e ambiente

Os artistas que dançam nas ruas contam com uma plateia espontânea e interagem com todas as variáveis desse "cenário".

● Na imagem ao lado há um objeto que une as pessoas. Você sabe dizer que objeto é esse?

Um coreógrafo pode criar uma obra para um espaço específico. Ele pode escolher esse espaço por um motivo artístico ou pode ser convidado por outro artista a desenvolver uma coreografia especial para um local: uma galeria, um museu ou algum outro espaço cultural, de modo que a dança irá dialogar com o meio circundante para o qual a obra é elaborada.

Essa proposta de realizar uma obra coreográfica feita para lugares específicos chama-se dança **site specific** (em português pode ser traduzido como "lugar específico") e segue uma tendência das artes visuais contemporâneas. Ela teve início quando alguns artistas, a partir da década de 1960, começaram a deslocar a obra do interior dos espaços de arte fechados (museus, galerias etc.) para lugares abertos.

Gustavo Ciriaco e Andrea Sonnberger/Foto: José Luiz Neves

Aqui enquanto caminhamos, de Gustavo Ciríaco e Andrea Sonnberger. Lisboa, Portugal, 2006.

Quando uma coreografia é criada para um lugar específico, torna visível o movimento desse lugar, o fluxo de pessoas, a arquitetura, a história e a memória.

No trabalho *Aqui enquanto caminhamos*, as pessoas do público experimentam caminhar juntas, envoltas por um elástico branco que cria um espaço comum entre elas. Como a fita elástica pode aumentar ou diminuir de tamanho, os espaços entre as pessoas também variam conforme cada uma delas se movimenta.

Glossário

Site specific: é quando uma obra em dança ou outra linguagem (cenografia, arquitetura, vídeo, música) é criada de maneira a dialogar com as características do espaço onde ela será apresentada ou exibida.

Os artistas Gustavo Ciríaco e Andrea Sonnberger convidam o público a realizar uma jornada em silêncio através da cidade. O grupo segue em seu passeio, como uma espécie de escultura viva, na qual as pessoas que estão dentro podem sair a qualquer momento, e as que estão fora também podem entrar.

Eles percorrem um caminho e realizam algumas ações previamente estabelecidas pelos artistas. Durante essa experiência, os participantes, que podem ser dançarinos ou não, têm a chance de observar cada detalhe da paisagem ao redor, de um ponto de vista sempre diferente, pois estão sempre caminhando, em movimento.

● O que você imagina que seja necessário para criar uma dança *site specific*?

A dança *site specific* é uma linguagem que inclui o espaço como um elemento da coreografia, mas também os sons desse ambiente e os objetos de seu contexto. Observe a imagem a seguir.

- Você imagina que lugar é esse onde estão as dançarinas?
- Como as dançarinas estão se relacionando com os móveis desse lugar?
- De onde o público assiste a esse espetáculo?

Em *Plongée: dança nas bibliotecas do Brasil,* as dançarinas Joana Ferraz e Ilana Elkis criaram diferentes pontos de vista para o público contemplar a dança dentro de algumas bibliotecas públicas no Brasil. Os movimentos da coreografia foram baseados nos gestos realizados pelos frequentadores dessas bibliotecas e suas relações com os objetos ali presentes, como a mesa, os papéis, o ventilador, as prateleiras de livros e o silêncio.

A trilha sonora dessa coreografia *site specifc* foi composta a partir da captação dos sons do interior das bibliotecas. Pequenos ruídos, falas e outros sons mais baixos fazem parte da tentativa de manter um "silêncio" nesses ambientes, mas, neste caso, eles puderam se tornar audíveis.

Plongée: dança nas bibliotecas do Brasil, de Joana Ferraz e Ilana Elkis. São Paulo (SP), 2011.

O compositor estadunidense John Cage (1912-1992), em sua composição *Concerto 4'33"*, entra na sala, prepara-se para tocar o piano, mas não toca nenhuma música. Durante 4 minutos e 33 segundos, fica em silêncio, e, desse modo, todos os sons e ruídos da sala de concerto e da plateia podem ser ouvidos.

Na criação da trilha sonora da dança *Plongeé*, de maneira parecida, esses pequenos ruídos e outros sons produzidos pelo público presente em cada apresentação (cochichos, sons de passos tocando o chão, deslocamentos no espaço, entre outros) foram integrados e alterados, aumentando a relação de volume. As dançarinas que criaram esse trabalho queriam, com isso, propor uma nova experiência do "silêncio" das bibliotecas.

ANDANÇA

Compor uma dança para um lugar específico

Como seria criar uma dança para um espaço que você conhece? Imagine como seria o diálogo do movimento com as características de um lugar. Pode ser um espaço aberto ou fechado, o importante é que tenha características únicas e que sua criação só aconteça nele.

1. Crie ou encontre um espaço dentro da sala de aula ou um espaço aberto que seja acessível na sua escola, no qual possa dançar. Você pode criar esse espaço de algumas maneiras: deslocando as cadeiras e mesas de um lugar para outro, com uma fita colante no chão ou com um barbante amarrado, definindo um quadrado, um retângulo, um triângulo... Você pode escolher um canto da sala, um degrau, uma janela, algum lugar em que o seu corpo possa caber e realizar pequenos movimentos. Pode encontrar ainda um espaço amplo, aberto, para explorar movimentos grandes, saltos, giros, corridas etc.

2. Entre nesse espaço que você criou ou encontrou e explore alguns movimentos nele. Se for um espaço pequeno, quais os movimentos possíveis? E se for um espaço grande? Cada espaço irá influenciar também o ritmo de sua dança: é possível fazer movimentos rápidos?

3. Observe as características desse espaço criado ou encontrado: estreito, alto, largo, baixo, com quinas, redondo, a céu aberto. Ele permite que você encaixe alguma parte de seu corpo ou que você se apoie, se pendure?

4. Perceba as características de sua dança nesse espaço: quais membros do corpo você move?

5. Se você tivesse de apresentar essa dança nesse lugar específico que encontrou ou criou, onde localizaria o público para assistir?

6. Como foi essa experiência? Você teve vontade de mudar de lugar em algum momento? Alguma outra dança da turma o inspirou, mostrou novas possibilidades de espaço para dançar? A criação de espaços pode originar um novo ponto de vista para uma coreografia.

● **Como seria assistir a uma dança de uma perspectiva invertida, observando deitado no chão?**

TRILHA

Espaços dançantes

Observe o espaço abaixo: por mais inusitado que pareça, essas pessoas nas boias são a plateia de um espetáculo de dança.

● **Para você, a imagem mostra o público ou as bailarinas e bailarinos?**

Estudos para claraboia, de Morena Nascimento e Andréia Yonashiro. Sesc Belenzinho, São Paulo (SP), 2012. O público assiste à apresentação da piscina.

Já imaginou poder assistir a uma coreografia como se estivesse embaixo de um palco transparente, enxergando tudo o que acontece debaixo dos pés dos dançantes? A imagem é do trabalho *Estudos para **claraboia***, das diretoras Morena Nascimento e Andréia Yonashiro, realizado no Sesc Belenzinho, em São Paulo, onde a piscina fica embaixo de um piso de vidro. Por isso, o público assiste à apresentação sentado em grandes boias dentro de uma piscina, do ponto de vista invertido, ou seja, de baixo para cima. A imagem da página ao lado mostra os dançarinos durante o espetáculo em cima da superfície de vidro.

Observe, no canto inferior esquerdo da página ao lado, um detalhe da coreografia. Perceba o efeito causado por esse ponto de vista inusitado, que altera as sensações que podem ser provocadas no público.

Imagine o movimento da bailarina (segunda imagem na página ao lado) – um salto – só que visto de baixo!

- O que você imagina que muda para o espectador ao adotar esse ponto de vista? O que fica mais visível sobre o movimento dos dançarinos? O que o espectador deixa de ver?

Glossário

Claraboia: é uma grande janela de vidro ou algum outro material transparente que recobre o teto de casas, prédios ou outras construções, permitindo a iluminação e a ventilação dos espaços.

Estudos para claraboia, de Morena Nascimento e Andréia Yonashiro. Sesc Belenzinho, São Paulo (SP), 2012. Vista dos dançarinos.

Quando invertemos ou mudamos o ponto de vista sobre uma dança, podemos perceber detalhes da anatomia, ritmos ou movimentos que normalmente não são notados. Um salto visto do ponto de vista invertido, por exemplo, irá produzir, inicialmente, um efeito visual de afastamento e diminuição do corpo do dançarino para, em seguida, esse mesmo corpo voltar a se aproximar e grudar no vidro (que é o chão do lugar onde ele está).

Estudos para claraboia, de Morena Nascimento e Andréia Yonashiro. Sesc Belenzinho, São Paulo (SP), 2012.

Coordenadas

Planos de movimento

- Como seria dançar em um espaço que também se move?

O coreógrafo húngaro Rudolf Laban (1879-1958) criou alguns fatores de movimento:
- o peso (leve/firme) atua na intenção do movimento;
- o espaço (flexível/direto) atua na atenção de quem dança em relação aos diferentes pontos (lugares) no espaço;
- o tempo (rápido/lento) atua na decisão no tempo interno de cada um com o ritmo, passando de um tempo lento que vai se acelerando ou ao contrário.
- a fluência de movimento atua no controle do movimento para que ele continue ou pare.

Vamos conhecer algumas relações com o espaço na dança, criando os chamados planos de movimento. Observe a imagem abaixo.

Observe o movimento da dançarina. Imagine traçar algumas linhas retas que passem pelos membros do corpo dela, por exemplo, do umbigo até a ponta dos dedos das mãos ou do umbigo até a ponta dos dedos dos pés. Ou ainda, traçar linhas que passam por "fora" de seu corpo, como dos dedos das mãos até a ponta dos dedos dos pés. Veja se você consegue formar com essas linhas alguma figura geométrica.

> **Glossário**
> **Assimetria:** quando não há simetria, quando há uma diferença, uma desproporção, um desequilíbrio.
> **Simetria:** harmonia, equilíbrio entre duas ou mais partes.

No espetáculo ao lado, a bailarina está realizando um movimento com base nos estudos de Laban. Podemos imaginar linhas retas que cruzam, atravessam e ligam os membros de seu corpo. Essas linhas podem estar soltas ou se conectarem nas pontas, formando figuras geométricas. Além disso, podemos também imaginar planos que atravessam o corpo da dançarina, em que reconhecemos uma intenção de movimento – por exemplo, o de levar o tronco para a frente, braços e pernas para cima e uma das pernas para trás. Você reconhece essa intenção no movimento dela?

Nos estudos de Laban, essas observações são fundamentais para pensarmos as relações de **simetria** e/ou **assimetria** do corpo humano e analisar o espaço pessoal do movimento.

- Com base nos estudos de Laban, você acha que é possível ampliar e deixar mais claro as direções e intenções do movimento no espaço para nos expressarmos melhor – seja por meio de movimentos simétricos, seja por meio de movimentos assimétricos?

Dançarina em espetáculo da Companhia de Dança Alexander Whitley. Londres, Inglaterra, 2016.

- Será que o movimento da dançarina acima é simétrico ou assimétrico?

Vamos ver agora alguns modos de representar planos de movimento no espaço. Laban desenhou algumas **representações geométricas** que permitem que o dançarino tenha conhecimento dos planos para dançar e ampliar as direções de seus movimentos no espaço.
Observe as imagens.

> **Glossário**
> **Representação geométrica:** é quando se usa a imagem ou uma estrutura geométrica para expressar uma ideia de espaço.

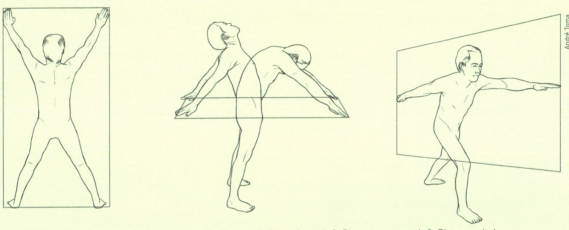

O movimento do corpo relacionado aos três planos: 1. Plano frontal; 2. Plano transversal; 3. Plano sagital.

- Que tipos de movimento estão sendo representados nos desenhos?
- Tente realizá-los com seu corpo.

Nas imagens, vemos alguns planos de movimento do corpo. Vamos agora entender como cada um deles funciona: é mais simples do que pode parecer!

- O **plano frontal** é o que passa através do corpo, dividindo-o em frente e costas. É conhecido também como "plano da porta", pois lembra a forma de uma porta. Para criarmos esse plano de movimento, precisamos mover braços e pernas, esticando-os para cima ou para baixo como se estivéssemos dentro de uma chapa de vidro. Nosso corpo se estica, alonga-se para cima e para baixo, ao mesmo tempo.
- O **plano transversal** é o que passa horizontalmente pelo corpo e o divide em parte superior e parte inferior. É também chamado de plano horizontal ou plano da mesa. Nesse plano, podemos flexionar a coluna para a frente do corpo ou estendê-la para trás.
- O **plano sagital** é o que passa através do corpo da frente para trás, dividindo-o em direita e esquerda. Quando queremos pegar algo no chão à frente de nosso corpo, estendendo um dos braços, estamos trabalhando um dos lados de nosso corpo, direito ou esquerdo e, assim, ativando o plano sagital.

- O que acontece quando realizamos uma série de movimentos pensando nesses planos?
- Será que podemos descobrir posturas corporais que nunca fizemos?
- O que essas posturas podem comunicar?

ANDANÇA
Mover-se com os planos de movimento

Mover-se imaginando que formas geométricas determinam a direção dos movimentos pode ser uma oportunidade para descobrir maneiras de se comunicar através do corpo. Vamos experimentar um pouco desses três planos de movimento no espaço?

Tão importante quanto realizar os movimentos, é observar os colegas se movendo. Faça esse exercício e converse a respeito de detalhes que percebeu olhando os movimentos dos outros.

1. Imagine que você está diante de uma porta: experimente levantar os braços seguindo o contorno desse objeto imaginário à sua frente. Você pode começar levantando o braço direito ou esquerdo, esticando-os acima de sua cabeça. Você estará movendo o corpo no plano frontal.
2. Experimente caminhar pelo espaço da sala explorando esse plano de movimento.
3. Para criar um movimento com o "plano da mesa" (ou transversal), você pode experimentar se encaixar em uma mesa da sala, abraçando-a com seus braços, ou deitando-se de costas sobre ela. Nesse plano, o movimento que fazemos com a coluna lembra a forma de um arco que pode ser feito inclinando o corpo para a frente ou para trás. Os braços se esticam, acompanhando esses arcos.
4. Experimente agora movimentar-se como se estivesse indo pegar algo com uma de suas mãos à frente ou atrás de seu corpo. Você pode se inspirar na figura que mostra esse movimento.
5. Caminhe pelo espaço, explorando os planos do seu jeito. Observe como você se move e, se houver outras pessoas no espaço com você, aproxime-se delas, explorando os planos de movimento. Por exemplo: você pode atravessar o espaço entre uma pessoa e outra, desenhando um plano de movimento com o seu corpo, buscando os espaços vazios entre elas.
6. Veja quantas possibilidades de movimento no espaço você conseguiu criar!

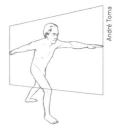

TRILHA
Danças itinerantes

Observe a imagem a seguir.

Glossário

Itinerante: é o que está em deslocamento, em trânsito, que viaja.

- Você consegue imaginar que lugar é esse onde os dançarinos estão?
- Como será realizar uma dança que está sempre se deslocando, em um espaço de apresentação **itinerante**?

Espetáculo *Dessincronias*, do Ballet Stagium, entre Minas Gerais e Pernambuco, 1974.

No espetáculo *Dessincronias*, a companhia do Ballet Stagium se apresenta sobre um tablado montado no **convés** da Barcaça Juarez Távora, que percorreu as **cidades ribeirinhas** do Rio São Francisco (de Pirapora, em Minas Gerais, a Juazeiro, na Bahia). Foi um projeto que levou a dança moderna e a música aos povoados que viviam às margens do Rio São Francisco, em 1974. O contato com a população desses lugares fez com que os dançarinos conhecessem melhor a realidade social dessa região. O fato de levarem a dança moderna para povoados com menos acesso a essa forma de dança permitiu que essa plateia composta por habitantes ribeirinhos pudesse olhar e valorizar as próprias produções artísticas.

Glossário

Cidades ribeirinhas: são aqueles que se localizam na beira de um rio e vivem da sua relação com ele, por meio da navegação, do comércio ou da exploração de peixes.

Convés: é a parte da cobertura superior de um navio ou barco.

De modo diferente, uma dança pode também acontecer entre os habitantes de uma cidade sem que eles saibam ou percebam, de modo que os movimentos de um dançarino fiquem misturados no meio da vida das pessoas da cidade.

- É possível transformar uma praça em uma sala de dança, onde se pode ensaiar, pesquisar, apresentar e falar sobre dança?

Observe a imagem abaixo.

Poética de um andarilho – a escrita do movimento no espaço de fora, de Dudude Maria, Goiânia (GO), 2012.

Na performance *Poética de um andarilho*, a coreógrafa e dançarina mineira Dudude frequentou, durante alguns meses, duas praças da cidade de Belo Horizonte. Nessas praças, ela dançou, improvisou, escreveu notações, treinou danças afinadas com o espaço de fora, conversou com pessoas da praça sobre dança, sobre vida e sobre criação. Dudude passava várias horas nessas praças, estudando o movimento no espaço de fora e como ela podia criar uma dança advinda desse olhar, relacionando os elementos já presentes naqueles espaços. Todos os dias, a dançarina vestia um macacão, colocava um boné e levava seu carrinho de feira com alguns objetos, como um caderno para fazer anotações sobre o que percebia, construindo seu território andarilho, no intuito de demarcar seu corpo público.

- Você reconheceria a artista na rua, vestida desse modo, andando no meio de uma praça com esse carrinho?

Estudantes de um curso de Dança na Universidade Federal de Goiás improvisam com a dançarina Dudude Maria no canteiro central de uma avenida em Goiânia (GO), 2012.

Se você acredita que não seria possível identificar uma dançarina no meio da multidão, sua resposta está correta. Mas, se você pensou que em algum momento seria possível perceber que ela é uma artista, quando ela estivesse ensaiando movimentos de sua dança, a resposta também está correta.

A brincadeira de se mostrar e se camuflar no meio das pessoas fazia parte da coreografia dessa artista. Podemos dizer que Dudude, quando resolveu ir para a praça com esse foco, estava realizando uma pesquisa artística. Ou seja, estava estudando uma coreografia que se assemelha com movimentos comuns, que as pessoas fazem andando pelas ruas. Seria possível transformar gestos que realizamos na vida, durante nossas atividades cotidianas, em gestos expressivos para criar uma composição coreográfica? Sendo assim, muitas vezes o público não conseguia identificar que ela estava dançando, pois o objetivo de Dudude era também o de se misturar à paisagem da praça, de passar despercebida.

CONEXÕES
O que é uma videodança?

Videodança é a mistura entre a dança e o vídeo e tem como principal elemento o movimento. A união da linguagem do vídeo com a linguagem da dança produz novas formas de expressão, tais como:
- alterar o tempo da dança, deixando-o mais lento ou mais rápido;
- conduzir ou provocar o olhar do espectador, mudando o ponto de vista de onde se pode ver um movimento de dança, onde a imagem pode aparecer invertida ou distorcida;
- mostrar pequenos detalhes do corpo ou de um movimento.

● Qual é a diferença entre assistir a uma coreografia realizada ao vivo, diante dos nossos olhos, e uma coreografia que vemos em vídeo com a intenção de ser uma forma de dança?

Observe as imagens da videodança abaixo: são corpos que se relacionam com a areia para se moverem.

O tempo da delicadeza (2000), direção de Alexandre Veras e coreografia de Andréa Bardawil, Ceará (CE), 2000.

O tempo da delicadeza (2000), direção de Alexandre Veras e coreografia de Andréa Bardawil, Ceará (CE), 2000.

- Quais sensações as roupas, texturas e cores podem comunicar ao espectador desse vídeo?

A coreógrafa cearense Andréa Bardawil criou uma videodança e um espetáculo no ano 2000 chamados *O tempo da delicadeza*. Ela viajou para uma região de dunas com um grupo de dançarinos para gravarem essa videodança. Nesse trabalho, a luminosidade do ambiente natural, as cores e as texturas da areia tornam-se elementos compositivos, reforçando o conceito de delicadeza presente no título da obra.

A videodança mostra uma coreografia que é apresentada por diferentes pontos de vista, escolhidos e editados por quem faz o vídeo e por quem dança. O vídeo interage com os movimentos, ou seja, a linguagem do vídeo é um elemento de composição que se soma aos movimentos, por meio de enquadramentos, cortes, *closes* e outros recursos de edição. A videodança pode ampliar os detalhes de um movimento e permitir o registro de uma dança para que possamos acessá-la em qualquer lugar do mundo e a qualquer momento.

Iris 2, de Philippe Decouflé, Paris, França, 2011.

Na videodança da imagem acima, vemos, alternadamente, os pontos de vista dos dançarinos. Os dois dançarinos que estão no palco fazem os movimentos de uma coreografia que eles também dançaram dentro de uma biblioteca. A imagem que vemos projetada na tela atrás deles mostra a dança que fizeram na biblioteca do ponto de vista de um dos dançarinos sobre o outro. É como se pudéssemos ver através do olho do dançarino e ver o que ele vê, do lugar de onde vê a dança do outro dançarino à sua frente. Esse olhar está o tempo todo mudando.

TRILHA
Dançar na periferia

Observe a imagem.

> **Glossário**
>
> **Cultura periférica:** é o que se cria de signos e símbolos nas áreas mais afastadas do centro de uma cidade. O centro, no entanto, também pode ter sua cultura periférica.
> **Itinerante:** é o que transita em diferentes lugares, que se desloca de um ponto a outro.
> **Segregação social:** é a separação entre pessoas por diferenças de classe social, etnia ou gênero.

Cia. Sansacroma se apresenta em um terminal de ônibus da Zona Sul da cidade de São Paulo (SP), 2013.

- Onde estão os dançarinos? Onde o público se encontra?
- Você já imaginou que a dança pode estar no cotidiano da cidade e que ela pode ser acessível a todos os cidadãos?

O espetáculo *Outras portas, outras pontes,* da Cia. Sansacroma, foi criado a partir das histórias da **cultura periférica** das ruas do bairro do Capão Redondo, em São Paulo. Em seguida, tornou-se **itinerante**. É uma composição coreográfica que faz uma crítica à **segregação social** e ao preconceito racial presentes na cultura brasileira. Nos movimentos, os dançarinos traduzem essas questões em forma de dança e texto, de modo que a indignação se torna material poético, explorando questões como herança cultural e identidade do brasileiro. O nome dessa companhia de dança é inspirado em mitologias presentes em diversas aldeias de países da África. Sansakroma é o nome de um pássaro fantástico, espécie de falcão protetor das crianças.

- Você sabe dizer ou identificar qual é a sua herança cultural, ou seja, a história de sua família, de onde vieram seus avós, a cidade e o bairro onde eles moravam?

Muitos dos integrantes da Cia. Sansacroma, assim como a diretora, Gal Martins, têm ascendência negra e/ou nordestina, habitam em espaços urbanos periféricos e fazem de suas histórias pessoais e da rua uma ponte de comunicação entre o público que nesses bairros também habita e tem histórias de vida parecidas. Em *Outras portas, outras pontes* o público não precisa retirar ingresso para assistir ao espetáculo, ele é gratuito e acessível aos cidadãos.

A preparação corporal dos dançarinos se dá por meio de aulas de *parkour*, uma técnica de movimento que tem como princípio o deslocamento de um ponto a outro dos espaços urbanos do modo mais rápido e eficiente possível, em que o praticante usa as habilidades do seu corpo para superar obstáculos de qualquer natureza, como grades, paredes, pedras, muros etc.

A Cia. Sansacroma escolheu o *parkour* com o objetivo de explorar a arquitetura dos lugares com mais possibilidades cênicas e coreográficas. Assim, onde o espetáculo estiver (já que na primeira parte do espetáculo o elenco realiza uma caminhada cênica nas ruas), os dançarinos estarão preparados corporalmente para cada situação.

- Você já experimentou saltar, correr, girar em espaços públicos, ou seja, na rua, no caminho de sua casa para a escola, em alguma praça? Se sim, como foi a sensação de se mover de um modo fora do comum, diferente do que todo mundo faz no dia a dia?

Coordenadas

O *parkour*

Observe a imagem abaixo.

Praticante de *parkour*. São Paulo (SP), 2010.

Veja como o artista se utiliza da arquitetura de um local para se mover por ela. Olhando para a imagem, podemos perceber que a foto registrou o momento em que o menino se equilibra de cabeça para baixo em um poste.

- É possível imaginar quais movimentos corporais esse menino precisou realizar para chegar até essa posição sem se machucar?

O *parkour* foi criado como uma técnica corporal na década de 1990 por David Belle e outros colegas, os quais se inspiraram em movimentos realizados pelo pai de Belle em sua profissão: Raymond Belle foi soldado socorrista na guerra do Vietnã, ou seja, trabalhava transportando soldados feridos em combates. Sendo assim, esse treinamento visa não apenas ao desenvolvimento físico, mas também ao fortalecimento da autoconfiança para transpor obstáculos do ambiente, como escalar muros, equilibrar-se em corrimãos ou saltar sobre vãos.

É também uma técnica que busca o desenvolvimento da autonomia do corpo e da mente, que podem atuar juntos diante dos desafios do cotidiano. A prática trabalha a força muscular, a resistência física, o equilíbrio e a concentração. O desafio para o praticante de *parkour* está também nos pequenos obstáculos a serem superados, na capacidade de enxergar os detalhes. Isso o torna uma prática corporal possível de ser realizada por pessoas de qualquer idade, gênero ou condição física.

- Você já ouviu falar de outra prática de dança ou movimento que também trabalhe com equilíbrio, concentração e coordenação dos movimentos? Qual? De que forma isso acontece?

CAPÍTULO 2
A dança no tempo e o tempo da dança

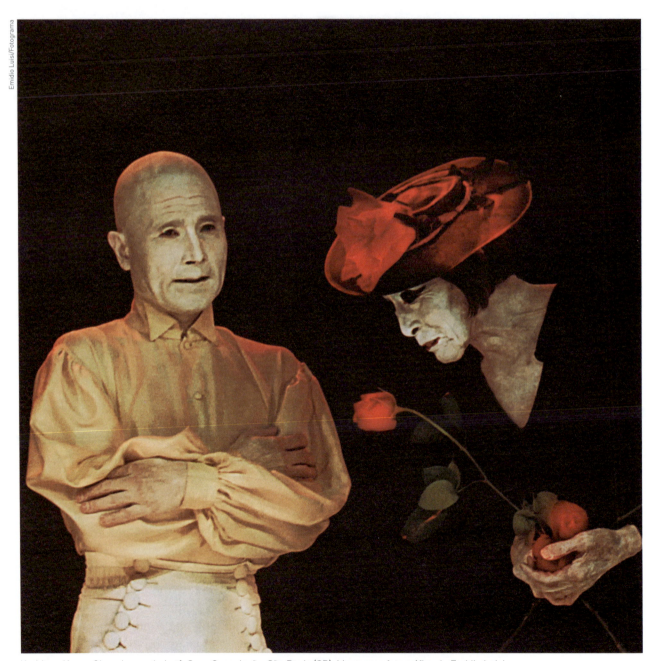

Yoshito e Kazuo Ohno dançando *butô*. Sesc Consolação, São Paulo (SP), Montagem fotográfica de Emidio Luisi.

Observe as imagens e reflita sobre as questões.

- Em que época você imagina que eles estão dançando?
- Será que uma dança pode nos contar sobre a memória e o passado?

Carlos Gardel e Rosita Moreno em bar de tango, 1935.

Alguns estilos de dança permanecem ao longo do tempo por meio das pessoas que aprendem a dançar e dão continuidade a essa forma de arte. Atualmente, temos acesso a várias formas de dança que foram criadas há muito tempo, como o tango.

- Você conhece alguma dança antiga?

Há também danças que falam sobre um outro tempo, de uma memória de pessoas que viveram e não vivem mais. Observe a imagem da dança *butô*.

- O que você percebe no figurino, no olhar e nos gestos desses dançarinos?
- A qual tempo você imagina que eles estejam se referindo enquanto dançam?
- Seriam movimentos rápidos ou lentos?

Neste capítulo, vamos ver alguns exemplos de danças que registram e revelam gestos criados no passado e que seguem sendo realizados até hoje. Também vamos conhecer criações que têm o tempo como elemento central, espelhando a própria linguagem da dança, uma arte que acontece no tempo.

CAMINHOS
A dança como patrimônio cultural de um povo

- Você já ouviu falar no tango? O que sabe sobre ele?

O tango tem relação com o ritmo da **habanera**, que era dançada em Paris no século XIX. Tornou-se uma manifestação artística e cultural importante em Buenos Aires, na Argentina, e em Montevidéu, no Uruguai. O estilo de dança que acompanha esse ritmo musical tem sua origem nos bairros populares de Buenos Aires. Hoje em dia, é comum ver dançarinos de tango se apresentarem para os turistas nas ruas dessa cidade.

Dançarinos em uma aula de tango em um espaço público da cidade de Buenos Aires, Argentina, 2018.

A sequência de passos dessa dança pode ser improvisada, mas os passos são bem definidos, como as paradas chamadas de "cortes", quando os dançarinos interrompem o fluxo do movimento de forma súbita e fazem uma espécie de pose passageira.

Momento em que os dançarinos realizam um dos "cortes" (passos) do tango.

Geralmente, a movimentação de pernas das dançarinas ganha destaque, e o ritmo da dança segue o **sincopado** da música. Além disso, para dançar, os dançarinos precisam envolver um ao outro em um abraço. O tango foi considerado um **Patrimônio Oral e Imaterial** da Humanidade pela Organização das Nações Unidas para a Educação, a Ciência e a Cultura (Unesco). É um estilo de dança praticado em muitos países por **amadores** e profissionais.

Glossário

Amadores: pessoas que apreciam e praticam determinada atividade artística, mas não são profissionais.
Habanera: é um ritmo musical criado no continente africano, levado para Cuba e desenvolvido nesse país.
Patrimônio Oral e Imaterial: são obras, peças, danças, manifestações culturais que foram escolhidas por sua importância não só para determinada cultura ou povo, mas para toda a humanidade. Recebem proteção e o reconhecimento para que as futuras gerações possam acessá-las.
Sincopado: trata-se da acentuação de tempos rítmicos que não correspondem aos tempos fortes de cada compasso.

Observe na imagem ao lado, que mostra o momento do "corte", a posição da coluna dos praticantes de tango, geralmente alongada e no eixo.

- Você conhece algum ritmo de dança cuja música é produzida pelos próprios dançarinos enquanto eles dançam?

Outra dança que também é considerada patrimônio cultural de um povo é a dança flamenca, praticada há muito tempo por diferentes povos da Europa, entre eles os ciganos, os mouros, os judeus e os espanhóis que ocuparam a região de Andaluzia, na Espanha. É uma prática cultural muito antiga que acompanha o canto e a música, também chamados de flamenco.

Como todas as manifestações da cultura são dinâmicas e estão sempre se transformando, a dança flamenca também recebe influências de outros estilos de dança.

De qualquer forma, existem alguns passos definidos, com acentuações rítmicas delimitadas, diferentes. Os encontros de flamenco são chamados de bailes, as dançarinas são conhecidas como *bailaoras* e os dançarinos como *bailaores*. Alguns passos são dançados em pares e outros não. Alguns passos na dança flamenca exigem muita habilidade técnica para dançar, como as *bulerías*, em que o ritmo do sapateado é bem mais rápido e complexo.

Preste atenção na qualidade dos movimentos do flamenco nestas imagens.

- **Descreva as qualidades de movimento que você vê nas dançarinas de flamenco. Você acha que os movimentos são suaves ou firmes? Rápidos ou lentos?**

Dançarina de flamenco em apresentação. República Tcheca, 2014.

Dançarina e músicos de flamenco, do Balé Nacional da Espanha, em apresentação em Londres, Reino Unido, 2010.

Bailarina de flamenco em festival nas Ilhas Canárias, 2010.

Por ter sido uma dança que se desenvolveu em tempos turbulentos de perseguição vividos pelos povos mouros, ciganos e judeus, os gestos do flamenco apresentam densidade, firmeza, peso e podem ser muito rápidos, mas também lentos e, em algumas variações, suaves e sinuosos. Essas expressões eram uma maneira desses povos enfrentarem a situação difícil que viviam, tanto social como econômica. Por isso, é uma dança que reflete um espírito de luta, de orgulho pelo pertencimento a uma identidade cultural e, também, de esperança por uma vida melhor.

Coordenadas

As castanholas

- Você conhece este instrumento?

Dançarinas de flamenco em festival. Londres, Reino Unido, 2015.

A castanhola é um instrumento musical de percussão que existe há alguns séculos, utilizada pelos povos da região do Mar Mediterrâneo, habitantes da Grécia, Turquia, Itália e Espanha. No entanto, ao longo da história, foi na Espanha que ocorreram a conservação e o desenvolvimento das castanholas tocadas nas apresentações de dança flamenca. Hoje, a castanhola é considerada um patrimônio cultural desse país.

ANDANÇA
Mover-se com um ritmo marcado pelo espaço

Vamos experimentar como é se mover no espaço com um ritmo bem marcado?

1. Posicione-se em um dos lados da sala, bem próximo da parede. Você irá atravessar até o outro lado da sala em oito tempos, contados lentamente por outra pessoa. No tempo oito, você deverá estar do outro lado da sala, bem próximo da parede. Quem faz a contagem pode usar um instrumento para marcar a passagem do tempo.
2. Atravesse a sala de volta, na mesma contagem de oito tempos.
3. Experimente agora, enquanto você atravessa o espaço, acrescentar um movimento quando estiver na metade desse percurso. Você pode realizar um salto, um giro ou um agachamento.
4. Veja como esse ritmo pode, aos poucos, tornar-se mais natural à medida que você repete o trajeto.
5. Experimente agora realizar esse exercício na contagem de quatro tempos.
6. Perceba como você distribui os passos nesse tempo. Você pode adicionar mais uma ação além da caminhada. Será um desafio!

TRILHA
Dança e memória

Pela dança é possível falar de outros sentidos da passagem do tempo. A imagem ao lado mostra o espetáculo *Os corvos*, em que os dançarinos Luis Arrieta e Luis Ferrón criaram uma dança que tem um tempo lento e que traz a sensação de volta ao passado e da companhia, por meio do movimento, de uma pessoa que já morreu, como um fantasma que se move suavemente, quase sem ser percebido.

Agora observe as imagens abaixo.

Cena do espetáculo *Os corvos*, com os dançarinos Luis Arrieta e Luis Ferrón. Teatro Municipal de Santo André (SP), 2018.

Dança *butô*.

Dançarinas de *butô*.

- Qual é a forma que você vê nos gestos da segunda imagem acima?
- Você consegue imaginar os movimentos dessa dança?

A dança *butô* nasceu no Japão, logo após a Segunda Guerra Mundial (1939-1945). É uma forma de dança desenvolvida primeiramente pelos dançarinos e coreógrafos Tatsumi Hijikata (1928-1986) e Kazuo Ohno (1906-2010). Na foto de abertura deste capítulo, vemos Kazuo Ohno e seu filho, Yoshito Ohno, que é atualmente um importante dançarino de *butô*, tendo dançado muitas coreografias dos criadores dessa dança, além de dividir várias vezes o palco com seu pai.

No balé clássico, o dançarino está o tempo todo buscando equilíbrio e harmonia em seus movimentos. De um modo bem diferente, na dança *butô*, como mostram as imagens, os movimentos são retorcidos, o corpo aparece "fora do eixo" e o dançarino com frequência contrai os seus músculos.

A dança *butô* é uma dança que se cria por meio de imagens. O corpo pode se tornar outras coisas, incorporar outras formas, como a de animais, plantas e objetos. Quem dança *butô* cria uma coreografia em relação à natureza, aos seus ciclos (estações do ano), à ideia de passagem do tempo entre o nascer, o envelhecer e o morrer.

O corpo do artista que dança *butô* é o símbolo da passagem do tempo. Esse corpo pode parecer frágil, mas os movimentos exigem muita força e flexibilidade. Na imagem acima, à direita, repare que o corpo dos dançarinos está bastante curvado. Parece que ele se direciona para fora de um limite conhecido ou, ainda, que se distancia da forma alongada e ereta da coluna para buscar outro limite, outra forma de corpo que não tem uma simetria. A dança *butô* cria um corpo que parece estar "fora do lugar".

Totem, de Emilie Sugai.

No espetáculo *Totem*, vemos o corpo da dançarina paulista Emilie Sugai transformando-se em um ser que não tem a aparência de uma figura humana. Emilie Sugai é uma dançarina de *butô* que, por meio de seus movimentos, busca tomar a forma de um objeto, como uma bacia, fazendo-se caber dentro dela, mas não com a forma de uma mulher. A dançarina se torna a própria bacia, imaginando que as qualidades, o tamanho, a forma e a textura desse objeto fazem parte de seu corpo. Sua dança se relaciona com o esforço de metamorfosear-se em outros seres e objetos, como um **totem**, por exemplo.

A importância desse espetáculo está no modo como a coreógrafa traduz corporalmente na cena o encontro que teve com rituais e festividades no Senegal, no continente africano. Ela criou uma leitura poética da experiência da viagem e do que conheceu da cultura daquele país, confrontando-a com suas memórias culturais brasileiras e japonesas, com o objetivo de aproximar mundos diferentes.

Glossário

Totem: pode ser um objeto, animal ou planta que seja cultuado como um símbolo ou ancestral por um povo ou sociedade.

Clareira

Butô no Brasil

Takao Kusuno (1945-2001) foi um coreógrafo, diretor teatral e artista plástico japonês que chegou ao Brasil em 1977 e nunca mais foi embora. Em seu trabalho como coreógrafo, ele transmitia os ensinamentos da dança *butô*, inspirados nos conceitos da cultura japonesa e em sua filosofia de vida. Com a ajuda de sua esposa, Felicia Ogawa, fundou, em 1995, a Companhia Tamanduá de Dança-Teatro. Os dançarinos que fizeram parte dessa companhia de dança-teatro tinham origens diversas e diferentes identidades corporais – negra, indígena, japonesa, brasileira. Cada bailarino trazia um modo de se movimentar.

- Você imaginava que existisse uma dança que pudesse expressar a memória de algo ou de alguém?
- O que lhe chamou atenção nas formas do corpo de um dançarino de *butô*?

Clareira

A dança *butô* de Kazuo Ohno

- Observe a imagem abaixo.

Gestualidade, delicadeza e expressividade na dança *butô* de Kazuo Ohno.

- O que você sente em relação aos gestos do dançarino?
- É possível criar uma dança inspirada na lembrança de uma cena ou sentimento que tivemos?

O coreógrafo e dançarino de *butô* Kazuo Ohno (1906-2010) veste-se como uma mulher nesta coreografia. É uma forma de lembrar uma dançarina de tango que certa vez viu dançar. Ele dança a ternura presente em sua lembrança em uma recriação pessoal, inspirando-se livremente nas sensações e sentimentos que teve ao ver aquela dançarina. Sua dança era inspirada em questões como a origem da vida, a morte, a relação com a própria mãe e com seus ancestrais.

ANDANÇA

O tempo lento e o silêncio na dança

Vamos experimentar o tempo lento inspirado pela dança *butô*?
Nesta prática, teremos um grande desafio: fazer o menor ruído possível com nossos movimentos.
Vamos perceber os sons acontecendo dentro do nosso corpo ou bem próximo a ele enquanto nos movimentamos?

1. Com seus colegas de turma, abra um espaço na sala de aula, deslocando as cadeiras para uma das paredes e deixando o centro da sala livre.
2. Em grupos de quatro pessoas, cada um de vocês vai transportar uma cadeira até o outro lado da sala, buscando fazer o menor ruído possível.
3. Não importa quem chegar primeiro e, sim, quem conseguir realizar essa tarefa de transportar uma cadeira da maneira mais silenciosa possível.
4. Observe como você respira enquanto realiza os movimentos. Perceba como você desloca o peso do seu corpo de um lado para o outro e como está o apoio de seus pés no chão.
5. O restante da turma observa. Ao final, conversem sobre o ritmo e o tempo dos movimentos observados e sobre as diferenças nas estratégias de movimento de cada um de vocês.

TRILHA
Compor paisagens com o corpo

- Como o corpo pode expressar sem se mover?
- Podemos dizer que, mesmo parado, o corpo dança?

Glossário

Sambaqui: é uma espécie de totem criado pelos povos indígenas antigos, nos quais amontoavam conchas, depositavam restos de alimentos e enterravam os mortos.

Nas duas imagens ao lado, vemos a dançarina Marta Soares coberta de areia como se fosse um **sambaqui**.

No início da performance, ela está com o corpo todo coberto de areia. No decorrer do espetáculo, um ventilador vai retirando a areia de cima do corpo da dançarina, como se fosse uma escavação. O público fica em pé em volta da mesa de pedra onde Marta Soares permanece deitada durante o tempo todo, sem se mover, apenas respirando através de um pequeno tubo que dá passagem para o ar, localizado embaixo da mesa de pedra onde está deitada.

Para criar essa paisagem com o seu corpo, a coreógrafa foi atrás da memória do povo que viveu e construiu os sambaquis. O objetivo dessa performance é mostrar para o público que existem modos de viver que, apesar de não conhecermos, fazem parte da história e da cultura.

Marta Soares observou a paisagem dos sambaquis em seus menores detalhes para tentar compreender e captar suas qualidades sonoras, visuais e todo o ambiente que os cercam. Assim, trouxe os sons dos pássaros através da trilha sonora; a iluminação que se refere à passagem do tempo de um dia inteiro; as imagens e, por fim, o próprio corpo imerso naquela paisagem.

Vestígios, de Marta Soares. Encontro de Artes Interação e Conectividade VI, Salvador (BA), 2012.

Vestígios, de Marta Soares. Sesc Pinheiros. São Paulo (SP), 2010.

Sambaqui em Jaguaruna (SC), 2015.

CONEXÕES
Sambaquis e zoólitos

Os sambaquis são grandes montes construídos por populações pré-históricas, sítios arqueológicos, encontrados por todo litoral do Brasil, formados de conchas, ossos de peixe, restos de camarões, ostras e pedras acumulados por um longo tempo por povos que viviam nessas regiões. Não se sabe com exatidão quais eram essas populações, nem por que teriam construído esses locais. Há diversas teorias. Os arqueólogos têm encontrado ossadas de pessoas e diversos objetos em camadas internas dos sambaquis.

Zoólito em forma de peixe encontrado em sambaqui. 42,5 cm × 25 cm. Santa Catarina (SC).

Nos sambaquis descobertos no litoral de Santa Catarina foram observados objetos de pedra, provavelmente com finalidades ritualísticas, com formas de animais e superfície bastante lisa, o que comprova que passaram por um longo e cuidadoso processo de polimento. Esse nível de elaboração diferencia esses objetos dos demais encontrados; além disso, o fato de que a representação de animais deve ter caráter simbólico afasta a ideia de que seu uso era cotidiano. São objetos especiais, hoje chamados de zoólitos, registros de uma história pouco conhecida.

Zoólito em forma de tubarão pré-histórico.

AMPLIAR
A videodança no filme *Pina*

No Capítulo 1, vimos como a dança pode ser vista de diferentes pontos de vista e como o modo com que o dançarino escolhe mostrar uma coreografia interfere no olhar do público, que pode se sentir mais próximo ou distante da experiência dançante.

No documentário *Pina*, o cineasta alemão Wim Wenders mostra obras da coreógrafa Pina Bausch (1940-2009) de um modo que o espectador quase participa da coreografia. É um documentário que tem como foco o movimento e as formas por meio das quais a dança é capaz de produzir sensações no público.

Para isso, Wim Wenders escolheu o cinema 3D, uma ferramenta que produz uma terceira dimensão que, além de estimular a sensação de que o espectador está imerso, "dentro do filme", cria uma noção expandida de espaço, elemento fundamental ao universo da dança.

Algumas das coreografias de Pina que, a princípio, foram feitas para o palco, são levadas pelo diretor alemão para as ruas, filmadas em enormes galpões, salões vazios, usinas desativadas, em campos gramados, no alto de uma montanha. A dança contemporânea é assim levada a todas as pessoas, o que traz um sentido de integração.

A coreógrafa Pina Bausch foi uma das criadoras da chamada dança-teatro na década de 1970, na Alemanha. O documentário aborda a vida e a carreira dessa artista e mostra as atuações dos dançarinos em sua companhia. Há dançarinos jovens, outros já maduros, mulheres orientais, negras, de várias nacionalidades, diferentes estruturas corporais e culturas.

O que interessou ao cineasta nesse documentário foi mostrar que Pina Bausch se tornou uma coreógrafa conhecida no mundo inteiro por meio de suas coreografias. Esse é o motivo pelo qual Pina quase não aparece, pois o que se quis evidenciar foi a sua obra, as suas coreografias e, principalmente, o modo como cada dançarino, sendo quem é, traz uma qualidade própria, um modo único de dançar.

"Dancem, dancem, senão estamos perdidos", dizia Pina Bausch, reforçando sua visão de que a dança é uma expressão que está diretamente ligada aos diferentes sentimentos e formas de vida.

- O que você compreende dessa frase dita por Pina Bausch?

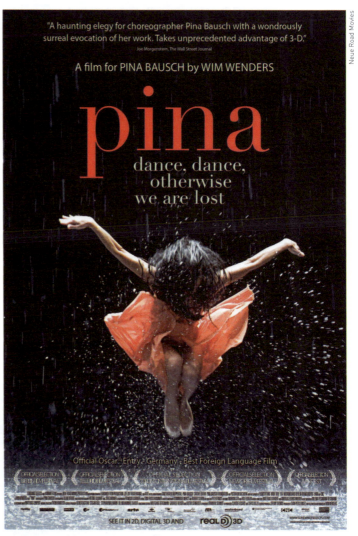

Cartaz do documentário *Pina*, de Wim Wenders, sobre as coreografias de Pina Bausch, 2011.

116

Chegada

O tempo e o espaço da minha dança

Faça uma coleta de sementes, folhas, cascas ou flores que você possa transportar no caminho de casa para a escola ou algum outro lugar que você deseja. Veja o que chama a sua atenção e o porquê de você escolher determinados objetos.

Outro, Outra Cia. de Dança: pesquisa para instalação coreográfica *Nadifúndio – coreografia para uma paisagem*. São Paulo (SP), 2014.

- O que há na forma, figura, cor, cheiro, textura que chama a sua atenção nesses objetos?

Armazene esses objetos em um saco plástico. Escolha um ou dois para estudar a sua forma, sua textura, seu peso:
- É leve ou pesado?
- É resistente, duro ou delicado e frágil?
- É colorido ou monocromático?
- É pequeno ou grande?
- Tem pontas, linhas retas, curvas?
- Tem volume ou é achatado?

Anote essas características e experimente criar uma dança inspirada nesse objeto que você escolheu.

- Quais os movimentos que você pode fazer com essas informações que observou?

Você pode também pesquisar mais sobre a origem desse elemento, sobre sua espécie vegetal.

Vimos alguns exemplos de danças realizadas em ruas, parques, praças. Estudamos dançarinos e dançarinas que se inspiram na arquitetura e nas dinâmicas do espaço urbano, usando seus movimentos e suas possibilidades corporais para explorar diferentes formas, lugares e tempos.

- Para você, o que mais se destacou nesse estudo?
- Tente se lembrar de alguma imagem do corpo dançando ou inserido em um espaço. Com o que você sentiu mais afinidade, identificação? Por quê?
- E, em relação às práticas corporais desta unidade, você teve dificuldade ou facilidade em criar espaços diferentes e outros ritmos e tempos com o seu movimento?
- Faça uma reflexão sobre os seus desafios e as descobertas e compartilhe com a turma.

UNIDADE 4
MÚSICA

Partida

Observe as imagens e imagine o som ao redor de cada uma delas.

1 Quais são e como são os sons que você imagina?

Neste ano, você vai estudar a transformação da música no espaço e no tempo e que cada lugar do mundo tem sua sonoridade específica – seja na terra firme, em uma canoa na água ou em um avião em pleno ar. Cada uma dessas sonoridades faz parte do conjunto de elementos que definem quem somos nós.

Índios da etnia waurá navegam na lagoa Piyulaga. Parque Indígena do Xingu, Gaúcha do Norte (MT), 2013.

Serra da Canastra, Minas Gerais (MG), 2013.

A música está em todos os lugares

Igreja de São Francisco, no centro histórico de João Pessoa (PB), 2014.

CAPÍTULO 1
O som ao redor de tudo e de todos

Músicos tocam e dançam na Avenida Paulista. São Paulo (SP), 2018.

Praça Saldanha Marinho, no centro da cidade de Santa Maria (RS), 2016.

O ser humano é um ser que vive em grupo e tem uma capacidade enorme de adaptação. Nós moramos nas cidades, nos campos, nas praias, nos barcos no meio do mar (e mesmo no fundo do mar, em submarinos!), nas estações de pesquisa nos polos gelados e em outros lugares da Terra.

- Observe as imagens. Você imagina quais os sons desses ambientes?

Gerson Gerloff/Pulsar Imagens

Cesar Diniz/Pulsar Imagens

Banhistas na foz do Rio Imbassaí, Costa dos Coqueiros. Mata de São João (BA), 2016.

Todos esses lugares têm suas **especificidades**, entre elas o som, que resulta do tipo de ambiente natural e de todos os sons feitos por pessoas e animais, máquinas, bicicletas, carros e muitos outros elementos.

Desse modo, o som ao redor de uma comunidade de pessoas que vive à beira-mar é completamente diferente do som de uma grande cidade. Cada ambiente tem sua sonoridade específica.

Glossário

Especificidade: qualidade do que é específico ou particular.

121

CAMINHOS
Lugares da música

São muitos os lugares habitados por seres humanos, e em todos eles encontramos sons e música, desde a sua casa até a rua, do seu bairro ao bairro mais distante, por toda a cidade e todas as outras cidades do país – e todos os outros países.

Cada lugar tem características próprias – entre elas, o som, que, ao redor de tudo e de todos, faz parte de cada um desses lugares.

- Você já prestou atenção nos sons dos diferentes lugares onde já esteve? Quais as semelhanças e diferenças entre eles?

Agora, você vai procurar ouvir os diversos sons a seu redor e tentar identificar todos eles, isto é, se é o som de um carro, de buzinas ou do vento batendo nas árvores. Fique o máximo que puder em silêncio e ouça.

Trânsito em Natal (RN), 2016.

- O que você ouve?
- Você percebe as diferenças de timbres, alturas, durações e intensidades dos inúmeros sons a seu redor?

TRILHA
Teatros e salas de concerto

Todos os lugares têm o próprio som, mas existem aqueles construídos especificamente para apresentações musicais. Alguns deles são construções fechadas, nas quais as condições de apresentação são muito favoráveis para que a música seja ouvida da melhor forma – são os teatros, as grandes salas de concerto e qualquer lugar vedado ao som externo.

As salas de concerto são espaços que foram construídos especialmente para apresentações musicais de orquestras sinfônicas e grupos de **música de câmara**.

Glossário

Música de câmara: é a música escrita para pequenos conjuntos de instrumentos, no geral de dois a onze instrumentistas.

Apresentação da Orquestra Sinfônica Municipal, regida pelo maestro norte-americano Stefan Lano e pelo solista virtuose russo Boris Belkin. Teatro Municipal de São Paulo. São Paulo (SP), 2009.

Quando uma apresentação musical acontece em um teatro ou em uma sala de concerto, o público é levado a direcionar sua atenção para o palco e a performance que está ocorrendo. Esse processo também é provocado pelas luzes, que, em geral, iluminam apenas o que acontece no palco.

Observe, na imagem acima, a plateia escura, contrastando com o palco muito iluminado.

Essa é a forma mais comum de apresentação musical em salas de concerto e teatros.

- Você conhece algum teatro ou sala de concerto?

O gênero musical tocado nas salas de concerto, geralmente, é a música clássica (também chamada de música erudita). Esse gênero é de tradição europeia, mas há muitos compositores brasileiros que se vincularam a ele, desde que o Brasil começou a ser colonizado. No século XX, temos nomes como Heitor Villa-Lobos (1887-1959), Camargo Guarnieri (1907-1993) e José Antônio Rezende de Almeida Prado (1943-2010); no XXI, Marisa Rezende e Valéria Bonafé. Esses são apenas alguns nomes; existem muitos mais!

Outros lugares construídos especificamente para abrigar apresentações musicais são as casas de shows e espetáculos, que recebem grandes produções musicais, como concertos de rock internacional, artistas conhecidos no mundo todo e produções que precisam de salas com grandes dimensões.

Existem também lugares externos, nas ruas e praças, que foram feitos para abrigar apresentações: os coretos e os teatros de arena.

Os coretos são pequenas construções em forma circular, cobertas, geralmente erigidas em praças e espaços públicos, com a função de servir como palco de apresentações musicais diversas. No Brasil, os coretos são, tradicionalmente, associados às bandas compostas por instrumentos de metal, pois são esses grupos os que ali mais se apresentam. Por serem normalmente construções públicas – e que, assim, pertencem a todos –, os coretos podem ser usados também para outros tipos de apresentação.

Coreto em Belém (PA), 2010.

O Brasil é um país que tem tradição em música de banda. Muito conhecidas, tanto nas comemorações das datas cívicas como nas festas populares, as bandas são verdadeiras escolas para músicos de sopro e percussão e fazem parte da história musical de muitas localidades. Ainda hoje, muitas cidades têm uma ou mais bandas, que levam a música de forma democrática para a população – uma vez que a maior parte de suas apresentações se dá nos coretos e nas ruas.

Desfile de abertura das Cavalhadas com a Banda de Música Phoenix. Pirenópolis (GO), 2012.

Agora, ouça a sonoridade da banda musical.

- Qual timbre especial você percebe nos sopros dessa música? Como você definiria esse timbre usando palavras emprestadas das artes visuais, como "claro", "escuro"? Esse timbre teria uma única "cor" ou várias? Qual (ou quais) cor(es) seria(m)?
- Na sua cidade, há alguma banda tradicional de metais em atividade?
- Você conhece alguém que toca, ou tocou, em uma dessas bandas?

TRILHA
Nas praças e ruas

Todos os lugares citados anteriormente são específicos para apresentações musicais. Mas é nas ruas e praças que a música acontece de forma mais democrática e popular.

Essas apresentações são variadas e espalham música por todos os cantos: congadas e outros **cortejos** de festas tradicionais populares, rodas de capoeira, grupos de música que tocam nas avenidas das grandes cidades, blocos de carnaval de rua etc.

Cortejo: procissão.

Observe a imagem.

Apresentação do grupo Olodum. Salvador (BA), 2014.

- O que você vê?
- Você consegue imaginar o som desses instrumentos?
- A qual família eles pertencem?

A imagem mostra a cidade de Salvador, na Bahia, a primeira cidade brasileira a receber o título oficial de Cidade da Música, no dia 1º de junho de 2016.

O programa Rede de Cidades Criativas, da Organização das Nações Unidas para a Educação, a Ciência e a Cultura (Unesco), tem como objetivo estimular, por meio das atividades culturais, o desenvolvimento econômico e social das cidades. Em Salvador, esse programa estimula e apoia as atividades musicais locais, incluindo projetos sociais, como o Neojibá (Núcleos Estaduais de Orquestras Juvenis e Infantis da Bahia), que tem o intuito de impulsionar o desenvolvimento e a integração social de crianças e jovens.

- Observe novamente a imagem. Além dos tambores, que outros sons você imagina que podem estar soando no momento da apresentação? Quais seriam os sons vindos da plateia? E da rua?

Coordenadas

A orquestra

A orquestra é formada por um grupo de músicos que tocam instrumentos variados, das famílias das cordas, dos sopros e da percussão, o que faz com que sua sonoridade seja muito especial.

Orquestra Jazz Sinfônica Brasil, no Auditório do Ibirapuera. São Paulo (SP), 2009.

São muitas as formações musicais que podem ser chamadas de orquestras, mas é denominada orquestra sinfônica aquela formada por um grande número de músicos que tocam música clássica (também chamada de erudita). Muitas vezes, a orquestra sinfônica ultrapassa o número de cem músicos integrantes.

No geral, a orquestra sinfônica é composta por:
- Cordas: violinos, violas (de orquestra, semelhantes ao violino, mas maiores e, portanto, mais graves), violoncelos e contrabaixos acústicos.
- Madeiras: flauta, oboé, clarinete e fagote.
- Metais: trompete, trompa, trombone, tuba e naipe de percussão.

Algumas orquestras contam também com outros instrumentos, como é o caso da orquestra Jazz Sinfônica Brasil, que possui, além dos instrumentos convencionais de uma orquestra sinfônica, uma *big band*, ou seja, tem saxofones, bateria, piano e contrabaixo elétrico.

Ouça o som da orquestra tocando a música *Na mão direita*, de Newton Carneiro.

A maioria das orquestras sinfônicas, atualmente, tem entre oitenta e cem integrantes, mas esse número pode variar, dependendo do **repertório musical** a ser tocado. Muitas vezes, a orquestra é acompanhada por um **coral sinfônico**, principalmente quando tocam **ópera**.

No geral, as orquestras sinfônicas são corpos estáveis vinculados a teatros ou salas de concerto, como é o caso da Osesp – Orquestra Sinfônica do Estado de São Paulo, que é vinculada à Sala São Paulo. Observe, na imagem abaixo, a plateia, o palco e, atrás, o espaço reservado para o coral sinfônico, caso a música tenha sido escrita para orquestra sinfônica e coral.

Glossário

Coral sinfônico: grupo formado por cantores e cantoras que, geralmente, desenvolvem trabalho profissional em conjunto com uma orquestra sinfônica.
Ópera: é um espetáculo que une teatro, música e, muitas vezes, dança e artes visuais, e encena uma história que não é falada, mas totalmente cantada.
Repertório musical: conjunto de músicas escritas para um determinado instrumento ou um grupo.

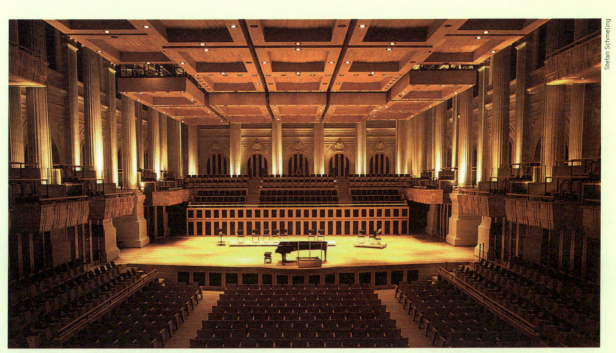

Imagem interna da Sala São Paulo. São Paulo (SP), 2007.

ANDANÇA

Festas populares: construindo um mapa cultural sonoro

As festas e tradições musicais são manifestações da cultura popular tradicional brasileira, exemplos de patrimônio cultural brasileiro.

● **Você já viu alguma festa popular tradicional brasileira ou já participou de uma?**

Como você já sabe, são inúmeras as festas populares pelo Brasil, mas quais serão aquelas que acontecem na sua cidade? E na sua região? E no seu bairro?

Para saber mais sobre essas festas, você vai pesquisar e, como um bom investigador, irá anotar dados, refletir sobre as questões levantadas e concluir sua pesquisa.

Observe a tabela. Ela vai servir de guia para você conhecer as festas populares tradicionais da sua comunidade.

Você vai fazer, em uma folha, uma primeira tabela como essa e preenchê-la com os dados que coletar, perguntando e conversando com as pessoas mais próximas. Preencha como no exemplo.

Tabela modelo

Nome da festa	Onde é praticada?	Familiar ou pessoas mais próximas	Já participou?	
			Sim	Não
*	*	*	*	*
*	*	*	*	*
*	*	*	*	*
		Familiar ou pessoas distantes		
*	*	*	*	*
*	*	*	*	*
*	*	*	*	*
		Vizinhos		
*	*	*	*	*
*	*	*	*	*
*	*	*	*	*

Tabela exemplo

Nome da festa	Onde é praticada?	Familiar ou pessoas mais próximas	Já participou?	
			Sim	Não
Congada	Mariana (MG)	Mãe	*	x
Congada	Mariana (MG), Ouro Preto (MG)	Avó	x	*
		Familiar ou pessoas distantes		
Moçambique	São João del Rei (MG)	Tio Antônio	x	*
		Vizinhos		
Congada	Mariana (MG)	S. José	*	x
Moçambique	Mariana (MG)	D. Ana	x	*

A tabela exemplo aponta que:

- Três pessoas (a mãe, a avó e o vizinho – chamado S. José) conhecem a congada, e duas pessoas conhecem o moçambique (o tio Antônio e a D. Ana, vizinha).
- Também são três as pessoas pesquisadas que participam ou participaram de festas (a avó, o tio Antônio e a D. Ana).
- Existe congada em Mariana e em Ouro Preto; o moçambique acontece em Mariana e em São João del Rei.

128

Na turma, façam a contagem das informações coletadas: quantas vezes cada festa foi citada? Quais foram as cidades citadas e quantas vezes cada uma delas apareceu? Quantos familiares próximos participaram das diferentes festas? Para isso, preencham novas tabelas para cada item, como nos exemplos a seguir.

Converse com colegas sobre os resultados, observando os itens mais citados. Perceba que eles representam a sua região, mas também, caso obtenha dados de mais de uma geração de familiares e conhecidos (como avós e pais), você poderá observar quais festas eram praticadas pelas gerações mais velhas e pelas mais novas, assim como saber quais deixaram de existir.

Festa citada	Número de citações
*	*
*	*

Cidade citada	Número de citações
*	*
*	*

 Coordenadas

Paisagem sonora

Cada lugar, seja uma cidade, uma região, seja uma casa ou um quintal, tem características sonoras particulares que influenciam tudo e a todos que lá vivem. Essas características compõem o que chamamos de paisagem sonora – ou seja, todos os sons que nos rodeiam. A ciência que estuda as paisagens sonoras se chama ecologia acústica, e o criador desse conceito, o canadense Murray Schafer, explica que esse é o estudo dos sons em relação à vida e à sociedade.

ANDANÇA
A notação musical da paisagem sonora

Agora que você conhece um pouco sobre o conceito de paisagem sonora, que tal conhecer e estudar um pouco dos sons da sua escola? Para isso, você vai precisar de retângulos de papel, lápis colorido e lápis preto de escrever, pois vamos fazer um exercício de notação gráfica desses sons.

1. Ande pela escola e ouça, com atenção, os diversos sons que estão presentes nesse ambiente. Escolha dez sons diferentes –, que podem ser desde a fala de pessoas dentro da sala de aula até sons de pássaros na área externa.
2. Antes de voltar para a sala de aula, anote os sons escolhidos (um em cada retângulo de papel).
3. Ao voltar para a sala, desenhe em cada um dos papéis uma representação gráfica de cada som escolhido. Para desenvolver essa atividade, lembre-se das qualidades da música e pense em como é possível representá-las em seu desenho.
4. Escolha os dois desenhos feitos sobre os dois sons que mais chamaram a sua atenção: eles serão usados em uma atividade em grupo. Guarde os outros, pois eles também serão usados posteriormente.
5. Explique quais foram os sons escolhidos e por que você usou aquela grafia do som no registro.

6. Observe com os colegas quais sons foram escolhidos por mais pessoas e quais apareceram menos vezes. Façam uma lista com os dez sons mais citados, e outra com os menos citados.
7. Reflitam juntos: por que isso acontece? Como é a paisagem sonora de sua escola? O que pode ser feito para que essa paisagem esteja mais de acordo com o que vocês consideram adequado?

CONEXÕES
Quando as Artes Visuais e a Música se encontram

Tente imaginar esta situação: uma orquestra toca e, ao mesmo tempo, um artista desenha com areia. O desenvolvimento das formas e figuras desenhadas é projetado em tempo real em uma grande tela, atrás da orquestra.

Esse é um dos trabalhos do artista plástico português João Alexandrino, também conhecido como JAS. Essa obra interativa tem o objetivo de criar uma correspondência entre as formas que ele desenha e as distintas nuances musicais que a música orquestral produz.

Tela projeta o desenho em areia do artista português JAS, no concerto *Diálogos entre o vento e o mar*, com a orquestra Sinfônica Jazz Brasil, realizado em 2018 no Auditório Simón Bolívar do Memorial da América Latina, em São Paulo (SP).

Desenho feito em areia pelo artista português JAS, também no concerto *Diálogos entre o vento e o mar*.

Mirante

Uma rádio com sons de todo o mundo

Você já ouviu falar da rádio *Aporee*?

Esse é o nome de um *site* que reúne e disponibiliza sons de todo o mundo, de áreas urbanas e rurais.

Você já ouviu alguém falando chinês? Se ainda não, entre no *site* e ouça uma das gravações disponíveis: é só localizar a China no mapa disponível no *site* e clicar em um dos sinalizadores em vermelho.

Tela da plataforma Rádio Aporee. Disponível em: <https://aporee.org/maps/>. Acesso em: 3 nov. 2018.

O idealizador desse projeto é o alemão Udo Noll, engenheiro de som e cartógrafo. O projeto foi iniciado em 2006 e tem o objetivo de estudar as interações entre o som e o espaço, o que ele chamou de "geografia afetiva".

O *site* funciona por meio de registros sonoros recolhidos por voluntários de todo o mundo, que enviam sons de diversos ambientes – podem ser conversas entre familiares em casas, vendedores de rua, sons de florestas e rios e muitos outros.

Se alguém quiser publicar um novo som, deverá fixar sua localização no mapa e descrever o som que quer deixar registrado. As gravações não podem ter menos de um minuto e não podem fazer propaganda – tirando isso, qualquer som vale!

Se quiser acessar a rádio *Aporee*, ela está disponível em: <https://aporee.org/>. Acesso em: 13 nov. 2018.

- Se você fosse postar algum som nesse mapa, qual seria? E por que você escolheria esse som?
- Você se lembra de algum som da sua infância? Qual?
- Qual som está mais presente na sua vida, atualmente?

CAPÍTULO 2

A música no tempo

Instrumentos musicais retratados em **iluminura** no **códice** das Cantigas de Santa Maria. Biblioteca do Mosteiro de San Lorenzo de El Escorial, Península hispânica, século XIII.

Observe as imagens. Elas retratam instrumentos musicais de vários períodos históricos, pois, desde que o ser humano reconhece sua própria humanidade, a música faz parte de sua vida.

- Como sabemos que esses instrumentos eram usados no passado?

Uma das fontes de conhecimento sobre a música ao longo do tempo são as imagens. As imagens que você vê aqui mostram registros de diversas práticas musicais que aconteceram há muito tempo, e indicam que as pessoas dessas épocas faziam música, revelam instrumentos que tocavam e trazem muitas outras informações.

No capítulo anterior, você fez, inicialmente, um exercício de escutar os sons ao seu redor. Faça-o novamente.

- O que você ouve?

Agora olhe em volta, para o espaço em que você está nesse instante:

- O que você vê?
- Você consegue vislumbrar como era esse mesmo lugar que está agora vinte anos atrás? E cinquenta? E cem? Você consegue imaginar quais seriam os sons a seu redor nessas épocas?

Glossário

Códice: livro manuscrito antigo.
Iluminura: pintura a cores presente nos livros da Idade Média.

Instrumentos musicais retratados em afresco encontrado em Tebas, cidade do Egito Antigo, pintado provavelmente em 1390 a.C.

Instrumentos musicais retratados na cerâmica utilitária. Grécia Antiga, aproximadamente século V a.C.

CAMINHOS
O som que se transforma no tempo

As duas imagens a seguir mostram a mesma construção, no mesmo endereço, de um lugar cuja função é idêntica.

Teatro Municipal do Rio de Janeiro, visto da Biblioteca Nacional. Rio de Janeiro (RJ), 1910.

Fachada do Teatro Municipal do Rio de Janeiro. Rio de Janeiro (RJ), 2016.

O que diferencia as duas imagens é o tempo: a primeira foto é do começo do século XX, e a segunda, do começo do século XXI. Os cem anos que separam uma imagem da outra fazem com que o lugar, apesar de o mesmo, seja completamente diferente, pois o entorno mudou, as roupas das pessoas mudaram, os meios de transporte para chegar lá mudaram, tudo mudou.

- E a paisagem sonora? Também mudou? Explique como você percebe essa questão.

A sonoridade de cada lugar se transforma no decorrer do tempo, e o que se ouvia nos **espaços públicos** de uma cidade décadas atrás já não é mais o mesmo. Os sons são diferentes em cada geração.

Glossário

Espaço público: são as praças, as ruas e todos os lugares que são de uso comum, isto é, de todos.

- Você imagina quais músicas eram tocadas nos espaços públicos do século XIX? E nas cafeterias de hoje?

TRILHA
A música urbana

Com a vinda da família real de Portugal para o Brasil, em 1808, as práticas musicais da cidade do Rio de Janeiro se transformaram.

- Você sabe por quê?

Com a família real, vieram quase todos os nobres da corte portuguesa, o que tornou a cidade do Rio de Janeiro um centro de cultura tradicional europeia no Brasil. Assim, o que antes era um ambiente de cidade colonial foi adquirindo hábitos culturais das grandes capitais europeias, impulsionados pelas práticas culturais da corte que aqui se estabeleceu.

Gal Oppido

Grupo de choro Choronas.

Tais práticas foram gradativamente apropriadas e adaptadas às culturas locais, possibilitando o desenvolvimento de uma música genuinamente urbana: uma mistura de costumes musicais originários da corte portuguesa e os hábitos dos morros dos ambientes populares do Rio de Janeiro.

Um dos exemplos desse processo é o chorinho, gênero de música tipicamente urbano do qual se tem notícia a partir do final do século XIX. Os primeiros chorões – aqueles que tocavam o chorinho – não eram profissionais da música. Geralmente, eram funcionários públicos ou desempenhavam outras profissões, o que lhes permitia frequentar a vida noturna cultural da cidade.

Muitas vezes, os grupos de chorões eram denominados também de grupos de "pau e corda", porque a flauta – instrumento tradicional do chorinho – era, na maioria das vezes, feita de ébano, madeira escura que contrastava com os instrumentos de corda, como o violão e o bandolim.

Ouça a composição *Corta-jaca*, de Chiquinha Gonzaga.

Outra manifestação musical urbana é o samba. Assim como o chorinho, o samba é fruto das manifestações musicais afrodescendentes (como o lundu e outros ritmos e danças de origem africana) com práticas musicais europeias.

O samba se tornou a manifestação musical brasileira que mais simboliza o país. Uma das características que contribuíram para isso foi o fato de ele se basear no ritmo sincopado, muito diferente da forma europeia de pensar e fazer música. A seguir, na seção **Andança**, vamos compreender em que consiste o ritmo sincopado.

Mara D. Toledo. *Roda de samba*, sem data. Óleo sobre tela, 50 cm × 70 cm.

Trajetória

Arquivo da pesquisadora

Quem é
Thais Rabelo

O que faz
Pesquisadora na área de musicologia histórica

Thais Rabelo, sergipana, pesquisadora na área de musicologia histórica

Leia a entrevista com a Thais Rabelo, e fique atento à reflexão sobre a importância da memória musical.

Pergunta (P): Como você escolheu a música como profissão?

Thais Rabelo (TR): Música é o que eu mais gosto de fazer, sobre o que eu gosto de falar e de compartilhar; enfim, a música está presente na minha vida o tempo todo, e eu não poderia ter outra profissão. Os meus pais sempre me incentivaram a ouvir músicas de diferentes estilos e épocas e, quando eu estava na escola, comecei a participar de um coral. Essa experiência de cantar com meus colegas me motivou a querer entrar para uma escola de música. Eu queria ser pianista!

P: Sobre arquivos e acervos musicais, o que fez com que você quisesse trabalhar com isso?

TR: Meu interesse pelos arquivos e acervos musicais começou ainda na adolescência. Eu sempre gostei de História. Na escola, era a minha matéria preferida. Porém, quando comecei a estudar história da música no conservatório, passei a me imaginar pesquisando partituras antigas, estudando suas características. Pare para pensar: é fantástico ter acesso à música que se fazia no passado! Como é curioso a gente ter a música dos séculos passados, do Brasil colônia, de forma tão prática! Hoje, basta alguns cliques e está "tudo" na internet. É realmente um privilégio poder conhecer e ouvir a música que os camponeses tocavam e cantavam na Idade Média, ou a música que soava nos palácios e nas igrejas quando Napoleão perdeu a guerra.

P: Como é o seu trabalho com os arquivos?

TR: Atualmente, trabalho com os arquivos do Museu da Polícia Militar de Sergipe, que guarda partituras da Banda da Força Militar (música copiada entre os séculos XIX e XX), o arquivo da Filarmônica da cidade de Itabaiana (SE), e com um arquivo particular, com partituras sacras na cidade de São Cristóvão (SE). Esses arquivos contêm documentos musicográficos (partituras ou partes instrumentais) que "dizem" muito sobre a música do século XIX em Sergipe, e eu fiquei muito feliz de encontrá-los. Mas é importante saber que arquivo não é o lugar onde se guardam coisas que não interessam mais. Quando falamos em arquivos musicais, falamos de um lugar que armazena documentos importantes para a pesquisa, que precisam ser estudados para fazer a história ser conhecida. O arquivo serve à comunidade. A comunidade precisa saber sua história musical também. Nem sempre os arquivos musicais estão em boas condições; por isso, em meu trabalho, iniciei observando e fotografando todas as fontes (papéis de música); depois, precisei muitas vezes organizar a desordem em que esses arquivos se encontravam, limpar as partituras (de poeira e insetos) e organizá-las para que outros pesquisadores, assim como eu, possam estudá-las.

Esse é um trabalho de cuidado e respeito com a nossa memória musical, e de pensar nas futuras gerações que devem também ter acesso a esse material.

Entrevista concedida especialmente para esta obra em novembro de 2018.

ANDANÇA
Experimentando o compasso sincopado

Vamos experimentar ouvir o pulso básico e o compasso.

Ouça a marcha tradicional e observe a imagem. Sinta o pulso básico da música (que está representado pelas linhas) e bata palmas nas linhas mais grossas – que são chamadas, em música, de tempo forte. 🔊 áudio

Essa é uma música que tem uma métrica muito regular, isto é, entre um tempo forte e outro não existe outra acentuação.

Agora, ouça o samba de roda tradicional do Recôncavo Baiano e observe a acentuação dos tempos fortes. 🔊 áudio

- Você percebe que a acentuação parece estar deslocada?

Essa percepção vem do fato de que essa música não tem uma métrica regular, isto é, ocorrem acentos diferentes entre um tempo forte e outro.

Agora, faça o seguinte exercício:

1. Ouça novamente e bata os pés alternados, como se estivesse marchando no lugar, na pulsação binária (como você fez anteriormente, com palmas).
2. Ouça novamente, mantendo o bater de pés, mas acrescentando palmas às palmas da gravação.

- Ao fazer o exercício, você percebeu que fez um ritmo nos pés e outro nas palmas? Como foi essa experiência?

A música brasileira é caracterizada pelo uso da síncopa (ou síncope) musical, isto é, pela prática de acentuar tempos rítmicos que não correspondem aos tempos fortes de cada compasso. Isso faz com que nossas tradições musicais sejam bastante diferentes das tradições europeias, que são regulares.

Além do samba, muitos outros gêneros musicais brasileiros não têm o ritmo regular, como o coco de roda, o maracatu, o forró, o xote, a bossa nova, entre outros. Grande parte deles é, tradicionalmente, dançado.

- Você conhece alguns desses gêneros? Quais?
- Você já dançou algum deles? Quais?

TRILHA
Música antiga e seus instrumentos

Você já percebeu que a música (e todos os elementos que fazem parte dela) se modifica no decorrer do tempo. Como não poderia deixar de ser, grupos musicais, como orquestras, também se modificam – e como!

Observe a imagem.

Apresentação do grupo L'Arpeggiata. Zenkell Hall, Nova York, 2012.

L'Arpeggiata é uma pequena orquestra europeia especialista em repertório do início do século XVII; ou seja, esse grupo toca músicas que foram escritas há cerca de 400 anos.

- Você já ouviu alguma música dessa época?

Na época em que essa música foi composta não existiam gravações e toda a audição de música era ao vivo. Outro aspecto interessante é que as orquestras eram muito menores, o que faz com que seu timbre seja muito mais delicado e sutil. Por essas características, a música ouvida era de pouca intensidade (lembre-se das qualidades do som).

Converse com os colegas sobre isso e reflitam juntos sobre as questões:

- É preciso que a música seja muito intensa para ser ouvida?
- O que é necessário para ouvir música?

Agora, conheça alguns instrumentos antigos.

- **Violas da gamba**

A viola da gamba é semelhante ao violoncelo, mas é mais antiga e tem mais cordas: o violoncelo tem quatro, a gamba tem até sete cordas. Existem gambas de diversos tamanhos – as menores produzem um som mais agudo, e as maiores, mais graves. Ouça o som da viola da gamba. 🔊 áudio

Quinteto Arcos, grupo brasiliense de violistas da gamba. Brasília (DF), 2018. Observe as violas da gamba de diversos tamanhos.

- Você já ouviu algum instrumento que tenha um som parecido com o da viola da gamba? Como você descreveria esse som em termos de qualidades do som?

Corneto

O corneto é um instrumento construído em madeira. Há registros de sua utilização desde o período medieval. Observe que o corpo do instrumento tem uma curvatura para a direita, o que faz com que se pareça com um chifre (*corne*, em italiano) – daí o nome do instrumento. Ouça o som do corneto.

- Você se lembra do som do corneto? O corneto tem um som semelhante aos instrumentos modernos de metal, mas com uma grande diferença de timbre. Por que existe essa diferença? E qual é a diferença?

Cravo

O cravo é um instrumento de teclas anterior ao piano, e seu som é muito característico, pois, para produzi-lo, as cordas do cravo são "beliscadas" por um pedacinho de plástico ou osso. Ouça o som do cravo.

- Como você descreveria o som do cravo, no que diz respeito ao timbre? Para essa descrição, você pode usar expressões que não são musicais.

Cravo barroco, instrumento de teclas anterior ao piano.

Corneto.

TRILHA
Instrumentos indígenas: o som da floresta

Vamos conhecer com mais detalhes algumas flautas usadas nas aldeias e comunidades de diversos povos descendentes dos habitantes originários do Brasil.

As tradições musicais indígenas permanecem vivas, apesar de todas as violências sofridas por esses povos no decorrer dos séculos. São instrumentos que mantêm características físicas muito antigas, pois a música – que quase sempre está associada à dança – é vista como uma manifestação sagrada, que tem uma função duradoura no tempo –, e, por isso, deve ser feita da mesma maneira, com os mesmos instrumentos.

Indígenas yawalapiti tocam a flauta. Alto Xingu (MT), 2010.

Músicos da aldeia Cipiá tocam o instrumento sagrado jurupari, feito de palmeira paxiúba.

Indígena da etnia gavião toca flauta decorada de bambu. Aldeia Inhaã-Bé, Manaus (AM), 2010.

Ouça o som de duas flautas diferentes das aldeias amazônicas. Perceba como os dois instrumentos têm sons que contrastam entre si. 🔊 áudio

- O som "grave" é oposto a qual tipo de som? Ambos fazem parte de qual qualidade do som?

Na última imagem você pode ver a flauta de cariço, um instrumento tocado em danças religiosas indígenas, normalmente pelos homens. Feita com um tipo especial de bambu da região, assemelha-se às flautas indígenas dos países de colonização espanhola da América Latina.

- Você percebeu que todos esses instrumentos são chamados de flauta?

Indígena da etnia tukano toca flauta de cariço. Vila de Tupé, Manaus (AM), 2015.

TRILHA
A notação musical no tempo

Agora você vai conhecer a notação tradicional ocidental, que tem origem europeia, mas que é usada em todo o mundo.

A notação musical ocidental tem a função de representar o som, mas não é o som!

Observe a imagem à esquerda.

Trata-se de uma música religiosa brasileira manuscrita – isto é, copiada à mão. De tradição católica, foi escrita no século XVII para ser cantada por três pessoas.

Ladainha em lá menor, de autor anônimo.

Essa mesma música pode ser escrita no computador, como pode ser observado na imagem à direita.

- As imagens são parecidas? Quais semelhanças e diferenças você observa?

Apesar da aparente diferença, trata-se de dois registros musicais da mesma obra, por um compositor que não escreveu seu nome na composição, sendo, por isso, uma obra de autoria anônima. Esse registro é chamado, em música, de parte musical, e faz parte de uma obra maior, para vozes e acompanhamento de alguns instrumentos de orquestra. Essa obra maior, em música, é chamada de partitura. Ouça, agora, a *Ladainha em ré maior*.

Ladainha em ré maior, de autor anônimo – partitura escrita em computador.

Essa é uma música que tem uma sonoridade específica da época na qual foi composta.

- Como você descreveria essa sonoridade?

A parte musical da música clássica é escrita de forma semelhante, ou seja, com as notas (que são como "bolinhas" desenhadas em cima de cinco linhas paralelas. Estas cinco linhas paralelas são chamadas, em música, de pauta, ou pentagrama:

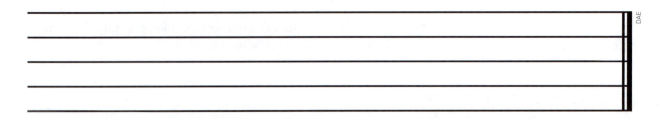

Cada uma dessas "bolinhas" representa uma nota – e, no sistema ocidental, as notas são, basicamente, sete – e tem os seguintes nomes: dó, ré, mi, fá, sol, lá e si.

Essas notas são dispostas no pentagrama da seguinte maneira:

Notas básicas do sistema musical clássico.

Ouça essas notas, tocadas pelo piano.

- Você notou esse símbolo?

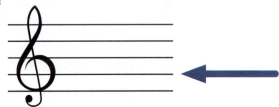

É chamado de "clave de sol", porque indica a linha na qual é escrita a nota sol, como apontado na imagem.

Essa é a forma de escrever música mais usada na cultura ocidental. Porém, não é a única forma de se escrever a música. Nas culturas orientais, as escritas são muito diferentes, porque o sistema musical tradicional em países do Oriente costuma ser muito diferente. Veja, por exemplo, algumas notas da música tradicional indiana:

Notas musicais da música indiana.

Philip Glass e a música minimalista

O compositor norte-americano Philip Glass é conhecido por trabalhar com uma linguagem na composição chamada minimalismo.

Na composição minimalista, as notas musicais vão se modificando muito lentamente e a repetição constante de elementos musicais já usados dá a impressão de que a música não se transforma e está parada no tempo – mas é só uma impressão! Ela se transforma a todo instante.

Ouça um exemplo de música minimalista.

- Você já havia escutado alguma música parecida com essa? O que achou?

O compositor norte americano Philip Glass trabalhando, em maio de 2002.

CONEXÕES
Música, arte e criatividade

A arte feita com sucata é praticada em todo o mundo, e existem diversos artistas plásticos que trabalham com esse tipo de material.

Orquestra de instrumentos feitos com sucata no bairro Cateura, em concerto realizado em Assunção, capital do Paraguai, em junho de 2013.

- Você já ouviu falar de uma orquestra na qual os instrumentos são feitos de sucata?

A Orquestra de Reciclados de Cateura, localizada em uma região de recursos escassos na cidade de Assunção, no Paraguai, é assim: os instrumentos são feitos a partir da reutilização de materiais do cotidiano. Os instrumentos construídos (violinos, violoncelos, contrabaixos e outros) têm uma ótima sonoridade, e a orquestra funciona tão bem quanto qualquer conjunto instrumental.

- Você imagina como é o som de um violino – que originalmente é feito de madeira – feito de lata? O que muda na sonoridade do instrumento?

143

Mirante

A viagem sem volta dos tupinambás

No final do ano de 1612, partiu de São Luís do Maranhão, em direção à França, um navio que levava, entre outros, um grupo de tupinambás maranhenses liderados pelos **padres capuchinhos**, que participaram do estabelecimento da colônia francesa.

Nesse momento, os tupinambás eram o maior grupo indígena conhecido pelos colonizadores e contava com cerca de cem mil pessoas, divididos em diversas tribos que ocupavam a maior parte do litoral brasileiro, desde o que é hoje o estado do Maranhão até o sul do país.

Os indígenas em questão eram levados como uma prova de que a colonização estava dando certo e de que os habitantes originais do Brasil (chamado nesse momento de França Equinocial pelos franceses colonizadores) estavam sendo – na visão deles – civilizados.

Imagem da capa da publicação de d'Abbeville em 1614, na França.

144

Ao chegar à França, os tupinambás foram vestidos e conduzidos ao Palácio do Louvre, onde um dos indígenas, chamado Itapucu, discursou, em tupi, em nome dos maranhenses, uma saudação ao Rei Luís XIII (1601-1643).

Esse episódio foi narrado pelo religioso francês Claude d'Abbeville (? – 1632) no livro *História da missão dos padres capuchinhos na ilha de Maranhão e terras circunvizinhas*, publicado em 1614, com muitos detalhes sobre os tupinambás (incluindo seus nomes e idades) e sobre sua atuação na França.

Os tupinambás foram morrendo um a um, de frio, de fome, de **exaustão**, e também – provavelmente – por entrar em contato com doenças europeias para as quais não tinham **imunidade**.

> **Glossário**
>
> **Exaustão:** cansaço extremo.
> **Imunidade:** sistema de defesa do organismo contra infecções e outras doenças.
> **Padres capuchinhos:** ordem religiosa católica.

- Observe a imagem abaixo. O que você vê? Perceba os detalhes das roupas, dos sapatos, dos ornamentos das cabeças e os instrumentos musicais que eles seguram nas mãos.

Gravura de Pierre Firens (c. 1580-1638). Essa gravura, de 1613, recebeu o nome de "Estes são os verdadeiros retratos dos selvagens da Ilha de Maranhão chamados tupinambás trazidos ao rei da França pelo Senhor de Razilly. Estão representados na posição que tomam enquanto dançam".

- O que você pensa sobre esse acontecimento?
- Você imagina por que esses indígenas estão vestindo trajes europeus?

Essa imagem retrata três indígenas em trajes nobres franceses, porém, com seus cocares de penas e seus maracás. Se você observar bem, verá que os maracás foram desenhados de forma bastante imprecisa, como se fossem feitos de metal. A falta de fidelidade dessa imagem sugere que ela foi elaborada a partir de uma descrição do evento, e não de sua observação direta; isto é, o autor da imagem não viu a cena acontecendo.

AMPLIAR
Retratos musicais de diferentes lugares no mundo

Cena do filme *Koyaanisqatsi*, com direção de Godfrey Reggio, 1982. Ele mostra a degradação do meio ambiente.

A música e o cinema são artes afins, e nada como um bom tema musical para dar maior carga dramática a uma cena. Mas essa interação é muito especial quando o filme e a narrativa cinematográfica são concebidos juntos; esse é o caso do filme *Koyaanisqatsi: uma vida fora de equilíbrio*, lançado em 1982, que conta com música do compositor norte-americano Philip Glass.

A palavra *Koyaanisqatsi* significa "vida em turbilhão" ou "vida desequilibrada", e pertence à língua hopi, falada pelo grupo indígena de mesmo nome, habitantes originais do norte do Arizona, estado norte-americano.

A interação entre música e cinema é ainda mais intensa porque o filme não tem diálogos, sendo composto unicamente de imagens de lugares que confrontam os ambientes da natureza – como desertos, mares, florestas – com ambientes nos quais as intervenções humanas transformam e degradam a natureza e a vida das pessoas. Essas imagens são acompanhadas por uma música bastante repetitiva, o que intensifica a carga dramática das cenas. No início do filme, acompanhando a música, uma voz extremamente grave é ouvida, repetindo a palavra "Koyaanisqatsi".

O filme foi dirigido pelo norte-americano Godfrey Reggio, e a música foi composta por Philip Glass, também nascido nos Estados Unidos. Ambos, diretor e compositor, trabalharam juntos na concepção do filme, que faz parte da trilogia *Qatsi*, da qual também fazem parte os filmes *Powaqqatsi* (1988) e *Naqoyqatsi* (2002).

- Você percebe como esse tipo de música contribui para uma intensificação das emoções ao ver as imagens?
- Como você vê a questão do desequilíbrio entre a natureza e as intervenções humanas?

Outra cena do filme *Koyaanisqatsi* que mostra a intervenção humana na natureza, causando degradação.

Chegada

Cápsula do tempo musical

- Mais um ano que termina! Imagine como seria se você pudesse acessar, daqui a alguns anos, sua forma de pensar, seus interesses e suas ideias de hoje?

Mesmo o que não ficar na sua memória poderá ser resgatado mais tarde de muitas maneiras. Esse resgate pode ser muito rico, pois você e seus colegas vão mudar e, daqui a algum tempo, serão pessoas diferentes, com objetivos, sonhos e vontades distintas das de hoje.

Você conhece a cápsula do tempo? É uma forma de guardar as memórias e fazer um retrato da época que se está vivendo, para que, quando ela for aberta, muitos anos depois, quem a abrir possa conhecer como as pessoas viviam, quais eram suas ambições e angústias, o que estava acontecendo... São informações que podem trazer de volta muitos aspectos do passado.

Você vai, agora, com seus colegas, confeccionar uma cápsula do tempo musical! E ela será feita para ser aberta por cada um de vocês no futuro.

1. Inicialmente, vocês devem escolher o recipiente da cápsula do tempo: pode ser uma caixa de papelão, de madeira ou mesmo uma garrafa de vidro. Essa escolha é individual, uma vez que cada um fará sua própria cápsula.

2. Decidam, por votação, quanto tempo deverá demorar para que a cápsula do tempo musical seja aberta. Como é um exercício para vocês, não pensem em abri-la quando forem adultos. Se a abrirem depois de cinco anos, já será possível perceber o quanto mudaram – mas essa é apenas uma sugestão.

3. Apesar de cada um fazer a própria cápsula, o conteúdo delas será o mesmo: vai refletir o gosto da maioria dos alunos.

4. Cada aluno faz uma lista das cinco músicas de que mais gosta e das cinco músicas de que menos gosta.

5. Na lista de músicas, façam a contagem das mais citadas – tanto das que mais gostam como das que não gostam. Façam essa contagem como se fossem votos: as cinco mais votadas de cada categoria farão parte da lista que será colocada na cápsula do tempo.

6. Escrevam, então, as músicas vencedoras – e não se esqueçam de, no início da lista, indicar a qual classe você pertence. Escreva também o ano em que foi feita a cápsula e os nomes completos de seus colegas de classe. Isso fará com que a abertura da cápsula, no futuro, seja bem contextualizada.

7. Feche sua cápsula e escreva, em seu exterior, em qual ano ela deverá ser aberta. Não abra antes; deixe que essa experiência aconteça!

Para encerrar, conversem sobre como os gostos podem mudar ou não no decorrer dos anos.

Para o ano terminar da melhor forma possível, você agora vai refletir sobre o que conheceu neste ano sobre música.

Faça uma reflexão pessoal sobre os seguintes aspectos:

- Você conseguiu perceber o compasso sincopado? Como foi essa experiência?
- Para você, foi importante conhecer instrumentos de outras épocas? Por quê?
- Você considera importante que grupos praticantes de cultura popular tradicional tenham representatividade na sociedade atual? Por quê?
- Com relação aos grupos indígenas, você considera importante que eles recuperem as práticas culturais antes abandonadas? Por quê?

Artes Integradas

Segundo a lenda, é nas noites de lua cheia que o Lobisomem – metade homem, metade lobo – aparece.

Partida

O boto-cor-de-rosa, que vive na Região Norte, inspira uma das lendas brasileiras mais conhecidas; à noite, o boto se transforma em um lindo rapaz, capaz de encantar qualquer moça solteira.

Este capítulo apresenta lendas típicas de todas as cinco regiões do Brasil. Elas estão presentes no imaginário coletivo e desempenham papel importante em nossa cultura. Nas próximas páginas, vamos falar sobre algumas delas, as quais conhecemos na forma de narrativas que se repetem, ainda que com pequenas mudanças, e são construídas há gerações. Dependendo de onde você mora, talvez conheça mais ou menos essas narrativas. Vamos descobrir juntos!

Aqui, agora e sempre

Obra do escultor Vasco Prado inspirada na lenda do Negrinho do Pastoreio, uma das mais conhecidas na Região Sul. São Francisco de Paula (RS), 2015.

A lenda do Vaqueiro Misterioso é uma das mais conhecidas na Região Nordeste.

Observe as imagens.

1. Você reconhece as figuras que aparecem nas imagens acima?

2. Já ouviu histórias que envolvem esses personagens? Quem foi o narrador?

3. Tente se lembrar dos detalhes de pelo menos uma delas. Narre para a turma, com o auxílio dos colegas.

As narrativas e seus lugares

Norte: o uirapuru

O uirapuru.

O uirapuru é um pássaro que habita a região da Amazônia. Seu canto só é ouvido em uma determinada época do ano. Por ser tão raro, ouvi-lo cantar é sinal de boa sorte. Há várias lendas que envolvem esse pássaro, cujo canto lembra o som de uma flauta. Dizem, entre outras coisas, que, quando ele canta, os outros pássaros fazem silêncio, como se quisessem ouvi-lo. Seja como for, seu canto é considerado tão especial que há quem diga que quem ouve o canto do uirapuru será feliz pelo resto da vida, ou aquele que fizer um pedido enquanto escuta esse espetáculo raro será certamente atendido.

Sobre o pássaro e sua origem, contam-se algumas histórias, mas há duas versões encontradas com maior frequência. Uma delas diz que, certa vez, um jovem cacique se apaixonou por duas indígenas (em algumas versões são amigas inseparáveis; em outras, irmãs gêmeas). Sem saber qual das duas escolher, propôs que aquela que conseguisse acertar uma flecha na ave que ele indicasse seria sua esposa. De fato, uma delas acertou a ave e a outra não. Ele se casou e a perdedora se afastou, isolando-se. A jovem vivia tão triste, que Tupã, com pena, transformou-a em um lindo pássaro, o uirapuru, com um canto tão maravilhoso que encantava e alegrava qualquer um que o ouvisse.

Em outra versão, conta-se que um jovem guerreiro, apaixonado pela esposa do cacique e sabendo que nunca poderia ficar com ela, afastou-se e pediu ajuda a Tupã, que o transformou em um pássaro cujo canto era capaz de espalhar a felicidade a quem o escutasse.

Nordeste: o Vaqueiro Misterioso

Em muitos lugares encontramos uma narrativa que se repete: a figura do Vaqueiro Misterioso. É mais frequente em comunidades nas quais há festas e celebrações ligadas ao ciclo do gado, como rodeios e festas do peão. Conta-se que, com alguma frequência, aparece nesses locais um vaqueiro vestido de modo bem simples, com um chapéu de abas largas que escondem seu rosto. Geralmente mais velho e cavalgando um cavalo magro, pode até ser ridicularizado por seus oponentes, sem lhe dar crédito ou importância. Diz-se que, quando entra no picadeiro, tudo muda como em um passe de mágica e o homem vence com facilidade todos os concorrentes, exibindo impressionante habilidade. Ganha as provas, a admiração de todos e até muitos favores e honrarias, sendo convidado a comparecer a banquetes e festas. Sempre recusa os convites e homenagens, desaparecendo tão misteriosamente quanto surgiu.

Vaqueiro em fazenda de gado. Campo Novo do Parecis (MT), 2016. Os vaqueiros inspiraram a lenda do Vaqueiro Misterioso.

Segundo a lenda, o Caipora ou Curupira tem como objetivo proteger as matas e os animais.

Centro-Oeste: Caipora e Curupira

Presente em muitos lugares do Brasil, as lendas da Caipora e do Curupira são muito antigas. Algumas versões existem desde a época em que os primeiros colonizadores portugueses fizeram contato com os indígenas. Há muitas variações, mas todas apontam o Curupira e a Caipora como versões de um mesmo tipo de ser mitológico, ainda que possam ter pequenas diferenças. De todo modo, alguns elementos se repetem: são seres com os pés virados para trás, os quais deixam rastros invertidos que confundem quem os segue. Geralmente, são vistos como seres pequenos, com pele verde ou escura e cabelos vermelhos, que remontam a um porco do mato.

Principal função e preocupação desses seres é proteger as matas e os animais, sendo implacáveis com quem desrespeita a natureza. Em algumas regiões, são conhecidos como "mãe do mato" ou "pai do mato" e podem ser acompanhados por vaga-lumes, pregar peças ou transformar parentes de caçadores em caça, como forma de vingança aos malfeitores da natureza.

- Você conhece outros seres fantásticos que estão ligados a elementos da natureza?

Sul: Negrinho do Pastoreio

A lenda do Negrinho do Pastoreio é uma das mais conhecidas da Região Sul do país e remonta à época da escravidão. Diz-se que, certa vez, um fazendeiro pediu a um menino escravo que pastoreasse seus cavalos. Um dos cavalos se perdeu e, como castigo, o fazendeiro mandou que o menino sofresse terríveis açoites.

O menino ferido foi buscar o cavalo e até conseguiu encontrá-lo, mas, na hora de capturar o animal, o laço se rompeu e ele fugiu novamente. Furioso, o fazendeiro golpeou ainda mais o menino e, vendo que ele estava muito debilitado fisicamente, deitou-o ao lado de um formigueiro, abandonando-o à própria sorte.

No dia seguinte, foi ao local, esperando encontrar o menino morto, mas, para a sua surpresa, ele estava em pé, sem nenhuma marca de picada de formiga, bem ao lado de Nossa Senhora. Arrependido, o fazendeiro pediu perdão ao menino, que beijou a mão da santa, montou o cavalo baio desaparecido e saiu galopando feliz pelos campos. Conta-se que, quando precisamos encontrar algum objeto desaparecido, basta acender uma vela ao Negrinho do Pastoreio, o qual prontamente ajuda aquele que precisa encontrar algo.

O Negrinho do Pastoreio é conhecido por ajudar aqueles que procuram por algo perdido.

Sudeste: Lobisomem

A lenda do Lobisomem está presente em muitas regiões do Brasil e no mundo. De origem europeia, ganhou características e versões que a mantiveram como uma das mais difundidas lendas brasileiras. Há muitas variações, mas uma das mais comuns conta que o sétimo filho de uma família só de irmãs está destinado a se tornar um lobisomem.

É muito comum também ouvir que um menino que nasce bem magro, com orelhas ligeiramente maiores do que o convencional e de aparência muito pálida, pode se tornar um desses seres. Em comum, está a ideia de que o menino sofrerá a sua primeira

Nas noites de lua cheia, o Lobisomem se manifesta.

transformação aos 13 anos, com a chegada da puberdade, em uma sexta-feira de lua cheia - componente fundamental do processo místico.

A transformação nesse ser aterrorizante, metade homem, metade lobo, dura até o nascer do sol, quando ele volta à sua forma humana. Enquanto estiver transformado, vai atrás de animais e pessoas para se alimentar de seu sangue. Em várias regiões, conta-se que o Lobisomem prefere ir atrás de bebês não batizados, sendo essa crença responsável pela pressa que se tem em batizar as crianças em alguns lugares.

Patrimônio: narrativas, tempo, espaço

Em todo o mundo, diferentes povos guardam e transmitem histórias. São narrativas que permaneceram na memória das pessoas que pertencem a uma comunidade, por meio dos contadores de histórias, poetas, músicos e sábios. Existem culturas em que uma mesma pessoa pode desempenhar todas essas funções sociais, como os *griots* do continente africano, responsáveis não só por contar histórias, mas por preservar a sabedoria de seu povo ao longo de gerações. As narrações mitológicas contam a origem de lugares, plantas e seres fantásticos que revelam a identidade da cultura à qual pertencem. Todos esses aspectos formam um conjunto de imagens, personagens, nomes, conhecimentos sobre a natureza e crenças que compõem o patrimônio imaterial de um povo.

As lendas também são narrações, histórias populares, normalmente curtas e independentes entre si, as quais as pessoas contam umas para as outras sem uma função específica. As lendas podem ou não explicar a origem de algo, mas sua principal característica é apresentar seres e acontecimentos misteriosos, que podem misturar realidade e fantasia, que atiçam a imaginação de quem ouve e contam sobre elementos presentes na vida das pessoas de um lugar, como nos exemplos que você conheceu até aqui.

O boto-cor-de-rosa, por exemplo, é um animal presente na Região Norte. Como não é visto em outros lugares do Brasil, suas histórias pertencem aos lugares onde ele vive, contadas e recontadas pelos habitantes dessa região. A figura do Boto e suas lendas fazem parte da identidade cultural dessas populações, mas também representam a riqueza e diversidade da cultura brasileira; portanto, fazem parte, ao mesmo tempo, do patrimônio imaterial dos habitantes de um lugar (Região Norte) e da cultura brasileira (país). Da mesma forma acontece com as demais lendas que apresentamos aqui.

- Tente se lembrar de outras lendas, menos conhecidas, que já tenham lhe contado.

Algumas lendas surgiram recentemente e têm relação com cenários e modos de viver na cidade: são as chamadas "lendas urbanas", as quais envolvem personagens, objetos ou espaços que encontramos nesses locais.

- Você conhece alguma lenda urbana?

Existem até as lendas que contam acontecimentos dentro de uma escola ou ligadas à internet. Por tudo isso, é certo dizer que elas estão totalmente relacionadas com os lugares onde são contadas e também com o tempo – podem se referir ao passado distante ou a algo que pode acontecer a qualquer momento!

- Você conhece ou se lembra de alguma lenda que se relacione com o local onde vive?

Momento lúdico

Depois de passearmos por histórias que percorrem todo o Brasil e que pertencem ao nosso imaginário, atravessando gerações em diversas versões e modos de contar, vamos experimentá-las em gestos e ações, por meio de jogos teatrais.

Esta é uma sugestão de prática a ser realizada coletivamente seguindo estas etapas:

Aquecimento

1. A turma toda realiza um aquecimento corporal a ser conduzido pelo professor, passando pelos seguintes movimentos: espreguiçar-se; caminhar pela sala em um mesmo ritmo, ocupando os espaços vazios; experimentar diferentes ritmos de caminhada de acordo com as orientações do professor.

2. A turma deve se dividir em grupos de quatro a seis pessoas e escolher uma lenda conhecida de todos. Conversem sobre ela, recontem cada uma de suas passagens com o máximo de detalhes.

3. Como seria contar essa história a partir de gestos? Quantos e quais gestos podem representá-la? Para facilitar, divida a história em três categorias: lugar, personagem e acontecimento. Encontre pelo menos um ou dois gestos para cada uma dessas categorias. Para melhor entendimento, vamos ver um exemplo de como podem funcionar essas categorias na história do Vaqueiro Misterioso:

   a. Lugar – o grupo cria um gesto que represente a "arena de rodeio" onde a lenda acontece.

   b. Personagem – o grupo cria um gesto que represente "o Vaqueiro Misterioso" e um ou mais gestos que possam representar os outros vaqueiros.

   c. Acontecimentos – o grupo cria um gesto que represente cada um dos acontecimentos dessa história: a chegada do Vaqueiro desconhecido; o Vaqueiro atuando no rodeio; o espanto dos outros vaqueiros; o convite para que o Vaqueiro comemore suas façanhas com todos; a recusa do Vaqueiro e sua partida.

4. O professor delimita três espaços definidos previamente como bastidores, espaço da cena e plateia.

5. Após a criação dos gestos, deve-se ensaiar a sequência em que serão apresentados e quem faz o quê. Cada integrante deve saber o que fazer, sua posição no espaço da cena. Como o grupo vai entrar, se posicionar e depois sair desse espaço, sempre silenciosamente? Os movimentos coletivos devem ser coreografados, sem combinações improvisadas, gestos titubeantes ou sinalizações com o rosto entre seus integrantes, porque todos esses "ruídos" serão vistos pela plateia, o que em teatro se chama de "sujeira de cena" – gestos e expressões que não deveriam acontecer, interferindo na leitura do público.

Jogo teatral 1

Este é um jogo de coreografias cênicas em que os grupos devem realizar um grande movimento em conjunto e em silêncio, criando um tipo de engrenagem que "roda" por três espaços demarcados, ao sinal do professor, conforme acontecem três diferentes ações: concentração (bastidores), apresentação (espaço da cena) e apreensão (plateia). O jogo coreográfico acontece com três grupos de cada vez, sendo que os demais permanecem como plateia enquanto não estão jogando. A regra é realizar as três apresentações sem pausa, uma seguida da outra, sem o uso da palavra.

Exemplo: para uma turma de 30 alunos, teremos seis grupos com cinco integrantes cada. O jogo começa com o primeiro ciclo de apresentações, em que apenas os grupos 1, 2 e 3 estarão em cena, enquanto os grupos 4, 5 e 6 ficam como plateia. A cada sinal sonoro, cada grupo se manterá concentrado em uma ação, seguindo as rubricas, como em um texto dramatúrgico:

Primeiro ciclo de apresentações

(Todos os alunos estão na plateia, até que acontece o primeiro sinal sonoro.)
Grupo 1 sai da plateia e se concentra nos bastidores.

(sinal sonoro)
Grupo 1 apresenta sua sequência de gestos.

(sinal sonoro)
Grupo 1 sai do espaço da cena e se instala na plateia.
Ao mesmo tempo, o grupo 2 sai da plateia e se concentra nos bastidores.

(sinal sonoro)
Grupo 2 apresenta sua sequência de gestos.

(sinal sonoro)
Grupo 2 sai do espaço da cena e se instala na plateia.
Ao mesmo tempo, o grupo 3 sai da plateia e se concentra nos bastidores.

(sinal sonoro)
Grupo 3 apresenta sua sequência de gestos.

(sinal sonoro)
Grupo 3 sai do espaço da cena e se instala na plateia.

(Fim do primeiro ciclo de apresentações.)

Ao final, todos devem conversar sobre suas impressões das sequências, tentando descobrir qual lenda foi representada por qual grupo, avaliando os gestos e movimentos do ponto de vista do quanto conseguiram comunicar a mensagem ou se produziram outras interpretações ao olhar da plateia. Os grupos que não participaram dessa série de apresentações também devem falar sobre suas impressões como observadores da movimentação dos três grupos em sincronia. Depois da conversa, os grupos 4, 5 e 6 devem seguir o mesmo roteiro para completar o segundo ciclo de apresentações.

Jogo teatral 2

O mesmo jogo é realizado, mas agora com uma nova regra. Cada grupo se reúne novamente para criar uma nova versão da lenda escolhida, mantendo uma das categorias inalterada (lugar, personagem ou acontecimento) e mudando como quiser as outras duas categorias. O desafio continua ser transmitir a narrativa apenas por meio de gestos.

- **Como será que a plateia vai reagir a uma narrativa que contém códigos (gestos) que ela já conhece, misturados a novos gestos que nunca foram vistos?**

- **Quantas diferentes leituras irão surgir?**

Um acervo de histórias que representam a todos nós

Neste capítulo, vimos que as lendas alimentam as tradições de uma região e fortalecem os laços entre as pessoas de uma comunidade. E se você pudesse criar uma lenda que representasse o lugar e as pessoas com quem convive?

Essa atividade consiste em criar um acervo de histórias criadas e registradas por meio de um recurso tecnológico por você e seus colegas. As narrativas coletadas podem representar a memória coletiva da sua turma e deverão ser preservadas como patrimônio da sua escola ou mesmo virarem uma exposição.

Registro: antes de tudo, sua turma vai precisar eleger um meio digital para registrar e exibir as histórias que serão narradas por diversas pessoas. Existe algum equipamento de registro que seja de fácil acesso em sua escola? Pode ser um gravador de voz, um celular, uma câmera ou um computador com câmera.

Como fazer com que as histórias apareçam?

Para encontrar os temas de nossas histórias e garantir sua diversidade, vamos criar um mecanismo que nos permita ouvir histórias de muitas pessoas sem que elas se repitam. Para isso, usaremos uma série de cartões em papel resistente, como cartolina, folha duplex ou outro material disponível no tamanho A5 (metade de um papel A4). Em cada pedaço de papel, escreva características que devem fazer parte da cada história de acordo com a tabela de categorias a seguir. Represente cada categoria com cores de papel ou de letra diferentes, de acordo com materiais que tiver à sua disposição. Faça três cópias iguais de cada frase de todas as categorias.

CATEGORIA 01: QUEM?	CATEGORIA 02: ONDE?
• Eu mesmo • Alguém da escola • Alguém do bairro onde moro • Alguém da região onde fica minha cidade	• Na minha escola • Na região onde fica minha escola • Na região onde moro • Na região onde fica minha cidade
CATEGORIA 03: QUANDO?	CATEGORIA 04: O QUÊ?
• Há pouco tempo • Há algum tempo • Há muito tempo • Em tempos passados	• Um acontecimento engraçado • Um acontecimento estranho • Um acontecimento fantástico • Um acontecimento surpreendente

Depois de produzidos os cartões, você e os colegas devem espalhá-los pelas quatro áreas delimitadas da sala destinadas a cada uma das categorias, com a parte escrita voltada para baixo, de modo que ninguém saiba qual é a frase de cada papel no chão.

O professor também deve determinar, por meio de sorteio, qual dos grupos começa a coletar as frases que deverão fazer parte da narrativa a ser criada. O grupo escolhido para começar (cada grupo deve ter quatro pessoas) deve caminhar pelas regiões de categorias e cada um dos seus integrantes deve escolher um cartão aleatoriamente de uma dessas regiões.

Recolhidos os cartões, os integrantes exibem as frases que tiraram e se reúnem para a criação. Essa combinação de cartões deverá ser contemplada na história a ser inventada ou relembrada. Por exemplo, pode acontecer de um grupo recolher as seguintes frases: *Alguém da escola / Na região onde fica minha cidade / Há muito tempo / Um acontecimento engraçado*. Isso significa que este grupo vai precisar criar ou se lembrar de uma história que tenha todos esses elementos reunidos.

Modos de narrar, modos de registrar

Uma vez que a história do seu grupo foi criada com todos os elementos narrativos presentes nos cartões que sortearam, é hora de apresentá-la aos colegas e de registrá-la em meio digital para que permaneça acessível a quem desejar revê-la.

Delimitem qual é o espaço dos narradores e o da plateia, definam previamente um modo de contar, ensaiem se preciso: narrando, interpretando personagens, com sombras etc. Escolham também como essa história deverá ser registrada: por meio de filmagem ou gravação de áudio. A depender do tipo de equipamento usado, será necessário iluminar a cena, pensar no posicionamento dos narradores e da plateia, ou talvez seja preciso usar um tripé ou um suporte para o equipamento. Se houver possibilidade, use microfones para captar o som. Microfones embutidos em fones de ouvido são suficientes. Pense também no segundo plano, ou seja, no fundo da cena: esse elemento pode ajudar ou atrapalhar a imagem a ser captada. É importante criar contraste entre o fundo e os narradores da história.

Como transformar uma história em uma "lenda"?

Tudo que construímos até agora não basta para que sua história se torne um tipo de "lenda" a ser recontada e rememorada por outras pessoas ao longo do tempo.

- O que seria necessário para transformar essa criação naquele tipo de história que as pessoas gostam de contar e ouvir em um grupo de pessoas?

Para isso acontecer, será preciso que a história capte a atenção de seus ouvintes, gere curiosidade ou provoque a imaginação, com elementos misteriosos ou mesmo inexplicáveis. Ela pode ter pitadas de fantasia, misturando ficção e realidade, deixando dúvidas pairando no ar, com lacunas para que cada pessoa complete o seu sentido de modos diferentes. Pode também ter um roteiro que apresente uma história fora do comum, com caminhos imprevistos e desfecho surpreendente! E que tal pensar em uma versão dessa história totalmente adaptada à linguagem do vídeo? Tente usar a linguagem do registro a seu favor, buscando produzir sensações diversas, captando com qualidade as palavras, ritmos, sons, cores e atmosferas que apareçam ao longo da narração realizada por seu grupo.

E se as histórias puderem ser compartilhadas pela internet, em uma página da escola ou em redes sociais? Pensem, junto com o professor, como irão preservar e difundir esse acervo constituído de todas as histórias criadas, narradas e registradas. Assim como faz um museu ou instituição cultural, é hora de encontrar estratégias para que esse material seja visto pela comunidade escolar, debatido e sirva de inspiração para outras ações dessa natureza.

Recontar histórias

Neste capítulo, passamos por lendas de todas as regiões do país. Mais uma vez, pudemos perceber e pensar sobre a diversidade e a riqueza cultural expressas em narrativas simples, que podem revelar significados profundos para entendermos a pluralidade de influências culturais que construíram e continuam construindo nossa identidade como povo. As diferentes matrizes que se mesclam em nossa formação são responsáveis pelo colorido imaginário herdado de nossos ancestrais, sejam eles dos mais diferentes lugares. Essa rede de influências compõe um tecido cultural, tramado por todos nós em saberes, fazeres e histórias que partilhamos: um bem comum denominado "patrimônio imaterial".

- E se nossas histórias pudessem ganhar novas leituras, passar por adaptações ou ser ilustradas por outros colegas?

A sugestão para que os conteúdos deste capítulo sejam revistos ou fixados é produzir outra versão para as histórias que fazem parte do acervo criado pela turma. As novas versões partem da história original e se desdobram em outros modos de interpretar uma mesma narrativa.

Nesta ação, podemos traçar um paralelo com a trajetória das narrativas mitológicas e lendas, as quais sofreram alterações ao longo dos séculos, seja porque foram recontadas muitas vezes, seja porque foram propositadamente modificadas para que se adequassem a outras culturas e modos de ver o mundo.

Com as orientações do professor, seu grupo poderá "ceder" sua história, que já foi criada e registrada, para que seja modificada por outro grupo. A modificação pode ser realizada em apenas duas das seguintes categorias: Quem? Onde? Quando? O quê?

Estabeleçam critérios para as trocas de histórias e os formatos possíveis para realizar as alterações (encenação, registro em vídeo, ilustração, escrita). O professor organizará as etapas. Assim, aumentamos o acervo de histórias e, depois dessa prática, teremos dois tipos de histórias em nosso acervo: as histórias originais e as adaptações, expansões ou histórias novas inspiradas na original. Boas criações!

O universo das lendas pode ser um potente exercício de criação e identificação das imagens que habitam nossa imaginação. Por meio delas nos identificamos como parte de um conjunto de tradições, as quais nos ligam em laços mais profundos do que podemos perceber à primeira vista. Elas nos mostram quem somos como coletividade, habitantes de um mesmo tempo, de um mesmo território, e que partilhamos personagens e mistérios.

- O que as lendas nos dizem sobre o lugar onde vivemos?
- De que formas as lendas podem sobreviver ao longo das gerações?
- Como a transposição de uma lenda para uma encenação teatral pode interferir na história a ser contada?
- Quais lendas apresentadas neste capítulo você não conhecia?

REFERÊNCIAS

ALVES, Januária Cristina. *Abecedário de personagens do folclore brasileiro*. São Paulo: FTD; Edições SESC, 2017.

ARCHER, Michael. *Arte contemporânea*: uma história concisa. São Paulo: Martins Fontes, 2001.

ARNHEIN, R. *Arte e percepção visual*: uma psicologia da visão criadora. São Paulo: Thomson Pioneira, 1998.

AZEVEDO, Ricardo. *Cultura da terra*. 1. ed. São Paulo: Moderna, 2008.

BAIOCCHI, Maura. *Dança*: veredas d'alma. São Paulo: Palas Athenas, 1995.

BARBOSA, Ana Mae (Org.) *Arte/educação contemporânea*: consonâncias internacionais. São Paulo: Cortez Editora, 2010.

_____; COUTINHO, Rejane (Org.) *Arte/educação como mediação cultural e social*. São Paulo: Unesp, 2009. (Coleção Arte e Educação).

_____; AMARAL, Lilian (Org.). *Interterritorialidade*: mídias, contextos e educação. São Paulo: Senac, 2008.

BRAVI, Valéria Cano. Dança contemporânea (?) In: LENGOS, G. (Org.). *Põe o dedo aqui:* reflexões sobre dança contemporânea para crianças. São Paulo: Terceira Margem, 2007.

CASCUDO, Câmara. *Lendas brasileiras*. 3. ed. Rio de Janeiro: Ediouro, 2000.

COUCHOT, Edmond. *A tecnologia na arte*: da fotografia à realidade virtual. Porto Alegre: Editora UFRGS, 2003.

DINIZ, André. *Almanaque do choro*: a história do chorinho, o que ouvir, o que ler, onde curtir. Rio de Janeiro: Zahar, 2003.

DUDUDE. *Caderno de notações*: a poética do movimento no espaço de fora. Belo Horizonte: [s.n.], 2011.

FONTERRADA, Marisa Trench de Oliveira. *De tramas e fios*: um ensaio sobre música e educação. 2. ed. São Paulo: Unesp, 2008.

GOMBRICH, E. H. *A história da arte*. 15. ed. Rio de Janeiro: LTC, 1993.

GOODMAN, Nelson. *Linguagem da arte*: uma abordagem a uma teoria dos símbolos. Lisboa: Gradiva, 1976.

GREINER, Christine. *O corpo em crise*: novas pistas e o curto-circuito das representações. São Paulo: Annablume, 2010.

HERNÁNDEZ, Fernando. *Catadores da cultura visual*: proposta para uma nova narrativa educacional. Porto Alegre: Edição Mediação, 2007.

_____. *Transgressão e mudança na educação*: os projetos de trabalho. Porto Alegre: Artmed, 2007.

HINDEMITH, Paul. *Treinamento elementar para músicos*. São Paulo: Ricordi, 1988.

HUIZINGA, Johan. *Homo ludens*. São Paulo: Perspectiva, 1999.

KOUDELA, Ingrid D. *Texto e jogo*. São Paulo: Perspectiva, 1996.

_____. *Jogos teatrais*. São Paulo: Perspectiva, 2001.

JACOBS, Joseph. *A história dos três porquinhos*: um conto de fadas. Rio de Janeiro: Expresso Zahar, 2014.

LABAN, Rudolf. *Domínio do movimento*. São Paulo: Summus, 1978.

LOBO, Lenora; NAVAS, Cassia. *Teatro do movimento*: um método para o intérprete criador. Brasília: LGE, 2007.

MARTINS, Mirian Celeste; PICOSQUE, Gisa. *Mediação cultural para professores andarilhos na cultura*. São Paulo: Intermeios, 2012.

_____; _____; GUERRA, Maria Terezinha Telles. *A língua do mundo*: poetizar, fruir e conhecer arte. São Paulo: FTD, 1998.

MILLER, Jussara. *A escuta do corpo*: sistematização da técnica Klauss Vianna. 2. ed. São Paulo: Summus Editorial, 2007.

MOMMENSOHN, Maria; PETRELLA, Paulo (Org.). *Reflexões sobre Laban, o mestre do movimento*. São Paulo: Summus, 2006.

MORAIS, Carmen; TERRA, Ana (Org.) *Situ (Ações)* – Caderno de reflexões sobre a dança *in situ*. Campinas: Editora Lince, 2015.

MOREIRA, Eduardo da Luz. *Os gigantes da montanha*. Belo Horizonte: Edições CPMT, 2014.

MORIN, Edgar. *Os sete saberes necessários à educação do futuro*. São Paulo: Cortez, 2006.

NEWLOV, Jean; DALBY, John. *Laban for all*. New York: Taylor & Francis Group, 2007.

PILLAR, Analice Dutra. *A educação do olhar no ensino das artes*. 8. ed. Porto Alegre: Mediação, 2014.

ROUBINE, Jean-Jacques. *A linguagem da encenação teatral, 1880-1980*. Tradução e apresentação Yan Michalski. 2. ed. Rio de Janeiro: Jorge Zahar Ed., 1998.

SALLES, Cecilia Almeida. *Redes de criação*: construção da obra de arte. São Paulo: Editora Horizonte, 2006.

SANDRONI, Carlos. *Feitiço decente*: transformações do samba no Rio de Janeiro (1917-1933). Rio de Janeiro: Zahar, 2012.

SCHAFER, R. Murray. *A afinação do mundo*. São Paulo: Unesp, 2001.

_____. *O ouvido pensante*. São Paulo: Unesp, 1992.

SEN, Amartya. *Desenvolvimento como liberdade*. São Paulo: Companhia das Letras, 2010.

SPOLIN, Viola. *Improvisação para o teatro*. São Paulo: Perspectiva, 2010.

VIANNA, Klaus; CARVALHO, Marco Antonio de (Col.). *A dança*. 3. ed. São Paulo: Summus, 2005.

WISNIK, J. M. *O som e o sentido*: uma outra história das músicas. São Paulo: Companhia das Letras, 2014.

DOCUMENTOS

BRASIL. *Diretrizes Curriculares Nacionais da Educação Básica*. Brasília: Ministério da Educação/Secretaria de Educação Básica, 2013.

_____. *Base Nacional Comum Curricular*. Brasília: Ministério da Educação/Secretaria da Educação Básica, 2018. Disponível em: <http://basenacionalcomum.mec.gov.br>. Acesso em: jun. 2018.

REFERÊNCIAS *ON-LINE*

BARBOSA, Yeda (Coord.). *Frevo*. Brasília, DF: Iphan, 2016. Disponível em: <http://portal.iphan.gov.br/uploads/ckfinder/arquivos/DossieIphan14_Frevo_web.pdf>. Acesso em: mar. 2019.

INSTITUTO SOCIOAMBIENTAL. Disponível em: <https://pib.socioambiental.org/pt/P%C3%A1gina_principal>. Acesso em: mar. 2019.

IPHAN. *Fandango caiçara*: expressões de um sistema cultural. 2011. Disponível em: <http://portal.iphan.gov.br/uploads/publicacao/Dossie_fandango_caicara1.pdf>. Acesso em: mar. 2019.

_____. *Roda de capoeira e ofício dos mestres de capoeira*. 2014. Disponível em: <http://portal.iphan.gov.br/uploads/publicacao/DossieCapoeiraWeb.pdf>. Acesso em: mar. 2019.

_____. *Samba de roda do Recôncavo Baiano*. 2006. Disponível em: <http://portal.iphan.gov.br/uploads/publicacao/PatImDos_SambaRodaReconcavoBaiano_m.pdf>. Acesso em: mar. 2019.

ITAÚ CULTURAL. Disponível em: <www.itaucultural.org.br>. Acesso em: mar. 2019.

MEYER, Julien; MOORE, Denny. *Arte verbal e música na língua gavião de Rondônia*: metodologia para estudar e documentar a fala tocada com instrumentos musicais. Disponível em: <www.scielo.br/pdf/bgoeldi/v8n2/06.pdf>. Acesso em: mar. 2019.

MUSEU CASA DO PONTAL. Disponível em: <www.museucasadopontal.com.br>. Acesso em: mar. 2019.

MUSEU DA DANÇA. Disponível em: <http://museudadanca.com.br/>. Acesso em: mar. 2019.

MUSEU DO ÍNDIO. Disponível em: <www.museudoindio.gov.br/>. Acesso em: mar. 2019.

PINACOTECA DO ESTADO DE SÃO PAULO. Disponível em: <http://pinacoteca.org.br/>. Acesso em: mar. 2019.

PORTFÓLIO DA BAILARINA EMILIE SUGAI. Disponível em: <https://emiliesugai.com.br/>. Acesso em: mar. 2019.

PORTFÓLIO DO *PERFORMER* GUSTAVO CIRÍACO. Disponível em: <http://gustavociria.co/pt/>. Acesso em: mar. 2019.

PROJETO BANDAS DE MÚSICA. Funarte. Disponível em: <www.funarte.gov.br/projeto-bandas-2/>. Acesso em: mar. 2019.

RADIO APOREE. Disponível em: <https://aporee.org/>. Acesso em: mar. 2019.